U0945506

上海法学文库

上下级法院关系研究

——以《宪法》第132条为视角

余 韬/著

上海人民出版社

总 序

编辑出版《上海法学文库》是一项很有意义的工作，它有助于推动上海的法学研究和培育法学新人。近两年，上海市法学会发布了几十项课题，通过招投标的形式让会员承接，在已完成的项目中，有的产生了较好的社会影响，有的还得到了较高层次的奖项。法学会每年还组织一些规模不等的研讨会、报告会，为会员更好地从事教学、科研和法律事务工作搭建交流的平台。上述服务会员、凝聚会员的努力，得到了广大会员的肯定。在2005年年初的理事会和常务理事会上，大家对法学会工作提出了新的要求，希望采取一些措施，有利于多出成果、出好成果；多出人才，尤其是扶持一批有潜质的法学新人。法学会采纳了大家的建议，经酝酿筹备后，《上海法学文库》（以下简称《文库》）正式起步了。

在起步之际，我想就《文库》的编辑理念向大家作以下说明。

作为《文库》，它应当具有包容性。法学学科所有专业的论著，包括论及法律实务中理论问题的专著，都可以纳入《文库》之中；只要坚持宪法确立的各项原则，凡言之有物、言之有据的学术著作，都可以纳入《文库》之中。

作为《文库》，它应当具有学术性。我们希望列入《文库》的著作，理论上应有所创新，即使是实务类的著作也是如此，当然，实务类的著作还应当具有很强的应用价值。为了保证《文库》的质量，我们借鉴了国内已有的做法，采用较严格的评审制度对书稿加以筛选。

作为《文库》，它应当具有连续性。独木不成林，几本书则免称《文库》。我们将着眼于长远，以记录我国法治进程、民主政治建设的轨迹为己任，不断推出能够反映上海法学研究新水平的作品，不断推出上海的作者，特别是青年作者。这项工作如果能够得以持续，若干年后，我们一定会为《文库》积厚流广而感到万般欣慰。法学会是“铁打的营盘流水的兵”,但愿今天我们所作的决策,因为它的正确,而为后人所沿用。

最近几年,社会科学迎来了又一个春天。国家高度重视社会科学的发展,对社会科学的投入大大加强,文化体制改革给出版、发行领域也带来了深刻的变化,学术著作出版难的情况明显缓解,精品学术书稿更是“抢手货”。在这样的背景下,编辑出版《文库》,没有质量意识、市场意识是不行的。我们要为精品学术著作的出版提供方便,也要为有光彩但还略嫌稚嫩又出版无门的作品提供出路,更要防止降低要求,让不符合《文库》标准的作品滥竽充数、“出外快”,那样,最终砸的是《文库》的牌子。

《文库》已经起步了,所有的作者、评审者、编辑、编务和发行人员,以及法学会的同人如果能够齐心协力将它做好,那可是功德无量啊!

沈国明

2005 年 10 月 1 日

序　言

随着我国经济社会的转型和利益格局的调整，各类社会矛盾呈现多元、多样、复杂的发展态势，并以案件的形式涌入法院，人民群众对司法公平正义的需求和关切日益强烈。进一步优化法院运行和管理方式，确保司法公正高效运行，不断满足人民群众的新要求、新期待，成为我国法治建设的迫切任务和重要目标。

改革开放以来，我国一直致力于推进司法改革，在司法公开、审判方式、诉讼制度等方面展开积极探索。党的十八大以后，司法改革向司法体制、审判权运行机制等方面不断深化，改革的深度和广度大大拓展，特别是党的十八届四中全会，对司法改革进行了全面部署，提出"保证公正司法、提高司法公信力、完善司法管理体制和司法权力运行机制、完善确保依法独立公正行使审判权和检察权的制度、优化司法职权配置"等诸多目标任务。2017年10月，党的十九大报告进一步指出，要"深化司法体制综合配套改革，全面落实司法责任制，努力让人民群众在每一个司法案件中感受到公平正义"。这既是对广大人民群众的庄严承诺，也是我国司法体制改革的重要发展方向。

改革的关键在于找准顶层设计的落脚点。司法作为国家法治建设中极为重要的环节，与之相关的上下级法院关系就是本轮司法改革的重要支点之一。上下级法院关系，既涉及司法权在国家权力中的地位、架构和司法功能的有效发挥，又涉及不同层级司法权的各自运行和整体协调，还涉及一个个具体的案件审判和法院管理事项的科学处理。可以说，科学的上下级法院关系是人民法院履行宪法赋予的职责、推进审判权运行机制改革和司法责任制改革、提高司法为民、公正司法水平的前提和基础。

我国现行《宪法》和《人民法院组织法》中明确，上下级法院在审判工作方面是监督与被监督的关系。然而,实践中,上下级法院之间的“监督与被监督”关系,很大程度上表现为事实上的“领导与被领导”的关系。这对于司法公正的维护、司法权威的建立、司法在国家法治建设中的价值体现都有较大的负面影响。余韬的博士论文选择我国上下级法院关系作为研究对象,针对实践中有违司法规律的现象以及司法改革中面临的上下级法院关系定位困惑,从多维视角进行了深入的研究和思考,提出了一些具有深刻见解的思想和主张,对如何在司法体制改革中,正确设计上下法院的工作关系及其实现方式具有重要的参考价值。

本书正是余韬在其博士学位论文的基础上修改完善而来。按照“确定理论标准——分析实践与标准的差距——探寻基于理论和实在条件应确定的目标——提出达成目标的举措”的思维过程,依次回答以下四个核心问题:我国《宪法》所设定的上下级法院关系是什么、法院系统实际运行中表现出来的上下级法院关系如何、我们应该追求怎样的上下级法院关系、我们应该怎样实现上下级法院关系的完善。这一论证过程逻辑严密、结构合理,结论的可信度相对较高。

在方法上,作者结合了法学、政治学和管理学相结合的交叉研究方法,以我国宪法的精神内核和司法运行实际为对象,秉承“立足本土、正视现实”的理念,结合自身的法院工作经历,积极掌握我国上下级法院在不同领域的“互动”资料及其政治生态和管理环境,通过不同层级法院的一审、二审、再审情况总结上下级法院的审级监督关系,对案件审判、人事政务管理等方面的上下级法院关系因素进行个别观察,客观分析具体司法情境中真实的上下级法院关系及其影响,提炼出本书的具体问题,并形成观点。

在内容上,针对司法改革中的上下级法院关系形成了不少具有创新性的研究成果。第一,在一定程度上解决了法院审判权与司法行政管理权等其他权力冲突的理论困境。通过系统化的理论和实践分析,提出整合法院审判权运行机制、法院人员分类管理改革等举措,建立一个审判权与审判管理权、司法政务管理权相对分离的上下级法院管理体系。第二,阐明“司法公正”的产出与“上下级法院互动”之间的关系。提出在保持上级法院对下级法院有效实施审级监督、审判指导、审判管理和司法政务管理的基础上,保障下级法院依法独立公正行使审判权，促使法院系统更好地实现司法公正、实现社会公平正义、保护人民群众的合法权益。第三，为司法改革中法院“去地方化”和“去行政化”找到合理路径。指出以强化上级法院对下级法院的管控力度消解地方党委、政府对地方法院不当干预的局限性，通过借鉴域外国家不同审级法院关系的设置和实践，结合我国当前司法改革的客观环境和条件，重构我国上下级法院的关系，兼顾、协调司法改革中的去地方化和去行政化两方面要求。

司法改革是全面依法治国的重要组成部分，也承载着人民群众对公平正义的期待和对美好生活的向往。但是，没有一个个具体的人去落实和推进，再好的改革蓝图也不会自动建构起法治的大厦。这其中，法律人理应心怀理想、脚踏实地，担负起更大的责任。余韬经过努力，以这样一本探讨宪法框架下如何推进上下级法院关系改革的学术著作，体现了自己作为一名司法实践者和理论研究者的付出和担当。作为余韬博士的导师，我为这本书的即将问世感到欣慰，同时也希望他以此为新的起点，在今后的学术研究中勤于思考、勇于探索，立足丰富的司法工作实践，在破解司法改革难题、推动法治建设中取得更多的成绩。

是为序。

华东政法大学副校长

张明军　教授

2018 年 1 月

目　录

引　言

一、研究的缘起

我国现行《宪法》第 132 条规定:“最高人民法院是最高审判机关。最高人民法院监督地方各级人民法院和专门人民法院的审判工作,上级人民法院监督下级人民法院的审判工作。”按照这一规定,最高人民法院在我国法院系统中具有最高地位,同时,我国法院的上下级之间主要是上级法院监督下级法院的审判工作的关系。这一规定与宪法中关于其他国家机关的上下级关系规定不同,特别是同为国家“司法机关”,宪法中有关上下级法院关系的规定和上下级检察院关系的规定不一样。第 132 条规定:“上级法院监督下级法院的审判工作”;第 137 条则规定:“上级人民检察院领导下级人民检察院的工作”。

除了“法院行使审判权具有其特殊性”这样的理由外,宪法这一“区别对待”让人所产生的疑惑还没有其他更为充分和有力的解答。如果对我国法院体系运行的实践进行观察,我们还可以发现,我国当前上下级法院关系与上下级检察院关系相比并没有本质上的区别,甚至与上下级行政机关关系也基本类似。也就是说,从上下级法院关系来看,我国审判机关和检察机关、行政机关的组织结构只有名义上的差别,但实际上这种组织结构上的差别并没有在司法实践中真正得到体现。受管理模式的影响,上下级法院之间的“监督与被监督”的关系,很大程度上异化为事实上的“领导与被领导”的关系。在审判管理中,上级法院是下级法院审判工作的重要管理主体,除了自上而下地建立一套法院审判管理制度体系外,上级法院大多直接组织实施辖区内法院的审判质量评估,并利用审判质效指标体系对下级法院审判绩效进行考评。在人事政务关系中,上级法院同样对下级法院存在着极大的影响力,不仅在很大程度上可以主导确定下级法院院长、副院长等重要职位的人选,而且对下级法院的行政装备、人员管理、司法警务、廉洁监督等方面的工作进行把控,对相关工作进行指示、考核、评比。

实践中,我国上下级法院关系的异化,对于司法公正的维护、司法权威的建立、司法在国家法治建设中的价值体现都有一定的负面影响。在我国法治建设中，上下级法院关系是一个“剪不断、理还乱”的难题：行政化和地方化、垂直领导和地方法院自我管理、案件请示和审级独立、审判指导和独立裁判等各类问题交织在一起，凸显了我国司法改革的困境。

当然，我国上下级法院关系的困境与完善并未被改革者所忽视。2009年3月，最高人民法院出台的《人民法院第三个五年改革纲要》提出“改革和完善上下级人民法院之间关系”。2013年11月，党的十八届三中全会通过的《关于全面深化改革若干重大问题的决定》强调推进法治中国建设，就改革司法管理体制，确保依法独立公正行使审判权、健全司法权力运行机制等司法改革重大问题进行部署，其中，在“推进法治中国建设”的部分中明确提出：“确保依法独立公正行使审判权和检察权。改革司法管理体制，推动省以下地方法院、检察院人财物统一管理，探索建立与行政区划适当分离的司法管辖制度，保证国家法律统一正确实施……”“健全司法权力运行机制。……明确各级法院职能定位，规范上下级法院审级监督关系。”2014年10月，党的十八届四中全会通过的《关于全面推进依法治国若干重大问题的决定》继而提出改革司法机关人财物管理体制，完善审级制度等重大司法改革措施。2015年2月，修订后的《人民法院第四个五年改革纲要》提出“完善审级制度，进一步改革民商事案件级别管辖制度和提级管辖制度，推动实现一审重在解决事实认定和法律适用，二审重在解决事实和法律争议、再审重在依法纠错、维护裁判权威；强化审级监督。完善发回重审和指令再审文书的公开释明机制和案件信息反馈机制。”从中央和最高人民法院宏观改革部署来看，无论是不同层级法院的职能定位，还是司法管理体制，以及上下级法院间的审级监督，都已经纳入我国新一轮司法改革的视野，并将逐步推进。从当前正在进行的司法改革实践来看，2014年6月，中央全面深化改革领导小组审议通过了《关于司法体制改革试点若干工作方案》和《上海市司法改革试点工作方案》，其中，核心内容是“司法人员分类改革”、“司法责任制”、“司法人员职业保障”以及“省以下地方法院检察院人财物统一管理”，目前，这些改革已经在全国逐步推开，并取得了较好的效果。①

应当说，本次司法改革设计者和推动者对“法院独立行使审判权”的理解比以往都更加全面和深刻，对解决我国上下级法院关系中的问题也抱有

---

① 参见周强：《最高人民法院关于人民法院全面深化司法改革情况的报告——2017年11月1日在第十二届全国人民代表大会常务委员会第三十次会议上》，《人民法院报》2017年11月2日，第1—2版。

更强的期待,并在改革实践中产生了积极效果。但我们也要清醒地认识到,本次司法改革在这一问题上仍有较大的缺憾。

第一,未能对法院系统的上下级关系的特殊性给予关注。在本次司法改革相关的权威文件中,并未将法院和检察院的改革举措作严格的区分。在改革实践中,同样在强调法官、检察官对所承办案件质量承担责任,推进法官、检察官员额制改革并强化职业保障。事实上,宪法对上下级法院关系定位与上下级检察院关系定位有着显著差异,法院行使的审判权与检察院行使的检察权在内容和性质上也明显不同,现有的改革思路和改革举措都难以满足构建科学合理的上下级法院关系要求。

第二,缺乏对上下级法院关系改革的整体设计。上下级法院关系纷繁复杂,涉及上下级法院之间依据诉讼法所形成的审级关系、近年来为提高审判质效而不断强化的审判指导关系和审判管理关系,以及以上级法院协管为核心的人事政务关系。本轮司法改革还并没有形成针对优化上下级法院关系的系统解决方案,所推进的改革举措具有明显的碎片化特征。

第三,对立法层面的优化准备不足。我国当前上下级法院关系面临困境,其症结是法院系统在实际运行中的过度行政化,导致宪法对上下级法院"非领导化"的设定部分落空。在宪法实施中,最重要的方式就是立法实施。虽然全国人大于2017年9月公布的《人民法院组织法(修订草案)》中有关于上级法院"按照规定管理下级人民法院的司法警务和司法行政工作"的表述,但这并没有完全满足《宪法》有关上下级法院间的审级独立需求,甚至在一定程度上还有加剧问题的可能。

第四,对"人财物省级统管"改革可能会加剧上下级法院关系异化的防范不足。地方法院"人财物省级统管"的改革措施"仅仅部分解决了地方法院对于地方政府的过度依靠,而人民法院能否独立行使审判权在法院系统内部也存在各种压力和干预的冲动和可能"。①然而,这一改革措施如果不能与司法机关"去行政化"同步推行,有可能造成上下级法院关系行政化的问题更加严重。虽然地方法院人财物省级统管的改革举措仍在探索中,但注意力仍集中于法院"去地方化"的效果如何,对可能造成的加剧系统内部行政化等负面影响的防范并不明显。

回首过去,长期以来,我国上下级法院关系面临困境,宪法设定的上下级法院关系无法得到充分落实,本次司法改革虽有关注和进步,但在上下级

① 杨翔:《法院地位与独立行使审判权——当下我国司法改革路径的思考》,《湘潭大学学报》(哲学社会科学版)2015年第1期。

法院关系改革的“治标”和“治本”上的功能仍然有限。究其原因，有我国长期以来，上下级法院行政化管理模式的“惯性”因素，以及《人民法院组织法》、“三大诉讼法”等法律规定的不完善，但更为深刻的原因则是相关理论研究和系统化制度设计的欠缺，如上下级法院关系的基本定位到底应当如何、什么是宪法上的“监督”以及如何监督、上下级法院除审级关系外的其他关系应当怎样设定等问题，在理论上都尚未给出强有力的解释和说明，也未能对相关改革提供科学有效的制度参考。司法是国家法治建设的关键环节，司法的公正高效又依赖于法院系统的科学组织运行和上下级法院的良性互动，故有必要将我国上下级法院关系作为一个重要的问题，给予足够的研究关注。笔者结合当前我国法院系统实际运行状况以及正在进行的司法改革，认为我国上下级法院关系问题至少在以下几个方面亟须被重点关注：

第一，审级独立。法院作为国家的审判机关，必须坚持依法独立行使审判权。这其中既包括法院独立于其他国家机关、社会团体和个人，也包括在法律范围内独立于系统内部的上级法院。这一原则在世界范围内得到普遍认可，如1987年8月联合国通过的《世界司法独立宣言(草案)》第3条：“在作出裁决的过程中，法官应对其司法界的同行和上级保持独立。司法系统的任何等级组织，以及等级和级别方面的任何差异，都不应影响法官自由地宣布其判决的权力。”1993年9月，第五届亚太地区首席大法官会议所通过的《审判独立原则声明(草案)》也作出了类似的规定。我国宪法也正是基于这一原理，在上下级法院的审判工作关系的设定中摒弃了领导与被领导的关系。

第二，审判管理改革。法院审判工作的顺利高效运行离不开科学、合理的审判管理。基于审判管理的整合作用，法官在同质化的法官群体中有机、协调地契合，使法院整体的司法能力远远超过法官个体司法能力的简单累积和相加。相反，不合理的审判管理机制则会消减法官个体的积极性以及审判能力的发挥，严重影响审判的公正高效开展和法院职能的顺利履行。通过制度创新，形成一整套更加科学、民主、公正、高效的审判管理机制。上级法院在建立考评体系时应当尽量反映法院工作的各个层次和各个方面，既要重点突出，又不能顾此失彼，特别要注意法官和其他工作人员之间、各部门之间的相互关联制约、协调配合，实现整体效能最大化。

第三，司法政务管理改革。理想的状态是一个国家的上下级法院之间只有审级关系，即基于诉讼法的审级监督，如二审、再审、对延长审限等程序性问题的审批等。然而在实践中，法院都是由法官和其他辅助人员组成的机构,除了一般的审判工作外,还需要从事大量的审判辅助性工作。对于这些非审判工作关系,现行《宪法》和《人民法院组织法》均未作出明确规定。如何在保障上级法院对下级法院的审判指导、审判管理和司法政务管理等工作正常、高效运行的同时,避免上下级法院间的非审判工作关系对各级法院依法独立行使审判权造成干扰,是司法改革中必须解决的问题。

当然,针对上下级法院关系的研究可以有不同的观察视角,如从政治学角度看权力的结构和运行,从管理学角度来看组织体系的功能发挥,从经济学角度看不同层级法院“司法产品”的创造与转化。而在法学范畴内,也有宪法学、法理学、诉讼法学等不同学科的理论框架。由于当前我国上下级法院关系困境主要体现在《宪法》第132条的设定与实际状况的巨大差异,故笔者选择其作为研究的基础和框架,并结合诉讼法学、司法学等相关学科理论,来探讨我国上下级法院关系的应然设定和改革路径,以期为司法改革和国家法治建设贡献微薄之力。

二、对相关问题的研究现状

(一) 国内的主要研究成果

目前国内对上下级法院关系问题研究文献中,尚没有一本全面、系统地研究上下级法院关系的专著。在所有能够查阅到的资料中,与本书选题最接近的是杜豫苏法官所著的《上下级法院审判业务关系研究》①以及汪文杰的硕士学位论文《当代中国上下级法院关系研究》。②《上下级法院审判业务关系研究》一书围绕上下级法院审判业务关系这一核心命题,对我国复杂的上下级法院审判业务关系进行了较为细致地描绘,借助法官、律师、当事人和法学专业人员等各类主体的观察视角,对上下级法院审判业务关系进行评价,并在分析我国上下级法院审判业务关系的特征和成因的基础上,提出了相关的改革思路。《当代中国上下级法院关系研究》一文,运用比较分析、规范分析等方法,阐释上下级法院关系的一般理论,指出上下级法院间不同审级法院未能实现职能分层、审判监督行政化等问题,力图为上下级法院关系改革的理论研究和实践运作提供一个基础,以推进法院制度改革的合理性和可操作性。

除此以外,有关这一内容的研究,主要有两个研究进路:一个是针对上下级法院关系的某个方面或某个环节进行专题研究,如域外上下级法院关系的经验总结、案件请示制度、司法解释制度、人事管理制度,并提出相应的

---

① 参见杜豫苏:《上下级法院审判业务关系研究》,北京大学出版社2015年版。

② 参见汪文杰:《当代中国上下级法院关系研究》,华东政法大学硕士学位论文,2013年。

改革方案;另一个是针对上下级法院关系中的一项或一些目标价值进行研究,如审级独立、司法公正、程序正义等。在这两个进路上,我国学者都作出了具有重要学术价值的研究和论述。

在第一个研究进路中,主要有以下几个方面的研究成果:

关于域外上下级法院设置和运行的介绍。我国学者分别从不同角度对各国相关制度进行介绍,如宋冰主编的《读本:美国和德国的司法制度及司法程序》、①最高人民法院中国应用法学研究所编写的《美英德法四国司法制度概况》、②韩大元教授主编的《外国宪法(第四版)》、③王公义研究员主编的《中外司法体制比较研究》,④都详细介绍了相关国家的上下级法院架构和运行情况,并从比较法的视野中提出完善我国司法体制、改革上下级法院关系的方法和路径。

关于审级监督关系的研究。如侯猛副教授在《案件请示制度合理的一面》一文中提出,案件请示在中国是一项没有法律依据却又被普遍使用的非正式制度,并对法院审级制度产生重要影响。⑤王申研究员在《西方学者眼中的中国司法改革》一文中提出,案件请示制度建立的背景是早期不少下级法院法官专业素养不足,理论上,随着法官职业化的深入和专业能力的提高,案件请示自然走向消亡。然而,由于新的制度变量引入,在一定程度上架空了法律上的诉讼程序安排,让法律所设定的上下级法院审级功能难以发挥。⑥左卫民教授在《最高法院研究》一书中对最高人民法院的上诉审判权、案件请示制度、信访制度等方面都作出了重要的论述与思考。

关于上下级法院审判管理的研究。由于我国现行法律中并没有就审判管理作出专门规定,有关审判管理的文献资料更多的是法院对自己工作的总结和介绍,从学术角度进行深入研究的则相对较少,但也有学者就上下级法院审判管理问题提出了一些有价值的学术见解。如龙宗智教授在《审判管理:功效、局限及界限把握》中提出:上下级法院间的审判管理“有不符审判规律及不规范的问题,还可能扭曲审判行为,应当从‘法院逻辑’即‘裁判逻辑’中寻求司法建设的常识,重视审判资源配置,强化基础意识,防止轻重

---

① 参见宋冰编:《读本:美国和德国的司法制度及司法程序》,中国政法大学出版社 1999 年版。

② 参见最高人民法院中国应用法学研究所编:《美英德法四国司法制度概况》,人民法院出版社 2008 年版。

③ 参见韩大元主编:《外国宪法》(第四版),中国人民大学出版社 2013 年版。

④ 参见王公义主编:《中外司法体制比较研究》,法律出版社 2013 年版。

⑤ 参见侯猛:《案件请示制度合理的一面》,《法学》2010 年第 8 期。

⑥ 参见王申:《西方学者眼中的中国司法改革》,《法学》2004 年第 10 期。

倒置,按照司法规律推动法院审判管理改革”。[①]江必新大法官在《论审判管理科学化》一文中提出:包括上下级法院间的审判管理在内,“既要注意量化评价,又要注意评价体系及其运用的客观性与合理性;既要实行高标准的严格管理,又要实行人性化的管理;既要把法官当成被管理者,又要使法官成为管理者”。[②]艾佳惠博士在《中国法院绩效考评制度研究——“同构性”和“双轨制”的逻辑及其问题》一文中提出:法院内部存在两种截然不同的考核评价方式,其中,对于普通办案法官来说,主要由其所在法院的法官考评委员会负责,考核对象以所办案件的质量效率评估指标为主。而对于法院院长、副院长等行政领导来说,考核主要是由同级党委和上级法院负责,考核对象不再关注所办案件,而是更多地看院长、副院长在本院队伍建设以及带领全院法官完成审判任务方面。这也在一定程度上说明了上级法院对下级法院领导以及下级法院本身的考核和控制力度。[③]

关于上级法院对下级法院的政务管理问题研究。左卫民教授提出:在各国的司法实践中,上级法院或多或少地承担了一部分下级法院的司法政务管理职能,在这种情况下,如何防止上级法院利用自身掌握的行政事务管理权干预下级法院审判,就成为需要关注和解决的问题。[④]苏力教授也对上下级法院间的政务管理持积极态度,在其《论法院审判职能与行政管理》一文中指出:“重要的不是排斥这种行政管理事务,而是要随着社会分工的发展,注意将法院的行政管理职能同法院的司法职能逐步分离开来”。[⑤]也有对上下级法院司法政务管理中的密切联系表示担忧的观点,如廖中洪教授提出:主张将法院人财物划归最高人民法院统管的改革方案不仅不科学,而且还会产生严重的负面影响。[⑥]

在第二个研究进路中,主要有以下几个方面的研究成果:

关于上下级法院依法独立行使审判权的研究。学者普遍认为,上下级法院之间在法定范围内保持相互独立,是法院系统审级制度功能有效发挥的前提条件。如果法院不能在审判工作中排除上级法院的不正当的干预,不仅会使得上诉程序被架空、当事人程序权利受损,审级制度的各项功能也

---

① 龙宗智:《审判管理:功效、局限及界限把握》,《法学研究》2011 年第 4 期。

② 江必新:《论审判管理科学化》,《法律科学》2013 年第 6 期。

③ 参见艾佳惠:《中国法院绩效考评制度研究——“同构性”和“双轨制”的逻辑及其问题》,《法制和社会发展》2008 年第 5 期。

④ 参见左卫民等:《最高法院研究》,法律出版社 2004 年版,第 205 页。

⑤ 苏力:《论法院审判职能与行政管理》,《中外法学》1999 年第 5 期。

⑥ 参见廖中洪:《“垂直领导”:法院体制改革的重大误区》,《现代法学》2001 年第 1 期。

无法有效发挥。如傅郁林教授在《审级制度的建构原理——从民事程序视角的比较分析》一文中指出：审级制度的建构思路是维护司法的统一性、正确性、终局性和正当性，我国审级制度存在审级定位层次不明、审级功能无法有效发挥等问题，需要加以改革。①谭世贵教授在《司法独立问题研究》一书中指出：上下级法院内部坚持司法权独立，"才能使诉讼中保证司法公正的全部程序发挥效用，否则法官不受理性的支配而服从于外来的干涉和压力，程序即被'虚置'，公正将无法实现"。②

关于上下级法院关系的行政化问题。学者们认为"司法行政化"与"司法地方化"一起构成了我国司法体制机制中的两大核心问题，认为行政化的上下级法院关系不符合宪法和法律的规定，也不符合司法规律和法治建设的要求。

关于上下级法院关系中的司法公正和程序正义问题。既有的研究成果反映出我国当前上下级法院关系中，无论是整体的权力架构，还是某些具体诉讼制度的落实，实践中都存在着不少的问题和偏差，导致上下级法院间应有的确保司法公正和实现程序正义的价值受到损害。如陈卫东、李奋飞在《刑事二审"发回重审"制度之重构》文中提出："我国刑事二审中的发回重审具有极大的不确定性，且有扩大化的趋势，不仅容易导致循环审判，造成诉讼效率的下降，也忽视了对有关当事人尤其是被告人的权利救济，更难以彻底实现刑事二审程序的目的。"③刘敏教授也提出：为了保障审判中的程序正义，应当对发回重审的法定事由进行重新设定，通过赋予当事人程序选择权等方式制约二审法院的权力。④

（二）域外的主要研究成果

对于美国、英国、法国、德国、日本等法治相对发达的国家，司法体系的构建同样是法治的核心环节，通过合理的上下级法院关系互动更好地发挥司法体系在政治权力运行、社会行为规范以及公正价值维护等方面的功能。当然，由于国情不同，国外的相关研究所关注的重点与国内有所区别。一方面，这些国家大多经历了一个较长的法治发展历程，法院在整个国家权力结构中的定位以及法院系统内部的基本架构已经较为完善，涉及底层的体制改革或者司法权独立等方面的学术讨论相对较少；另一方面，为了应对社会

---

①　参见傅郁林：《审级制度的建构原理——从民事程序视角的比较分析》，《中国社会科学》2002年第4期。

②　谭世贵：《司法独立问题研究》，法律出版社2004年版，第50页。

③　陈卫东、李奋飞：《刑事二审"发回重审"制度之重构》，《法学研究》2004年第1期。

④　参见刘敏：《民事诉讼发回重审制度之探讨》，《法律科学》2011年第2期。

的发展和公众对司法的需求的变化,域外法治发达国家的司法体系也大多有着制度性变革的需求,而上下级法院关系涉及上诉审查的程序和方式、案件当事人权利保障、法院的人事政务管理、司法效率的提升等方面构成了改革的重点。

关于上下级法院的审级设置,域外学者主要强调了上级法院应通过上诉审及时纠正下级法院的不当判决,具有明显的程序正义价值。日本著名法学家谷口安平在《程序的正义与诉讼》一书中的论述具有代表意义,其认为上下级法院的审级关系中,严谨、公正的上诉审程序,本身就具有独立的价值。一方面使实体上败诉的当事人更容易接受和认可裁判结果,另一方面也增强社会公众对司法公正的认可。①当然,也有学者提出对于这种价值也不宜做过度的强调,美国法学家马丁·夏皮罗(Martin Shapiro)通过对不同国家法院的历史发展进程的研究,指出法院系统内部的等级设置以及上级法院对下级法院的监督关系,对于保障司法的一致性和公正性具有重要价值,但这种等级化的控制模式绝不是必要的,还有其他途径可以实现同样的目标。②

关于上下级法院在审判中的关系定位,虽然对司法权独立的确切含义仍然存在一定争论,但域外国家学者在坚持司法权独立、要求上下级法院"独立裁判"这一点上达成了共识。如美国联邦最高法院大法官布雷耶(Breyer)认为:"司法独立问题的核心是如何确保法官根据法律而不是自己的古怪念头或者国家的政治性、国家机关的意愿进行裁判。"③德国慕尼黑大学教授施洛瑟(Schlosser)指出:"在德国,司法独立主要表现为法官的客观独立,即法官独立裁判,仅服从法律,不受其他国家机关的指示或者其他任何可避免的影响,其中还包括在行使管辖权和履行法官行政职责时法官之间的相互独立。"④

关于上下级法院的判例制度,无论是英美法系,还是大陆法系国家的学者都给予了相当多的关注。主要体现在两个方面:一是判例制度中下级法

---

① 参见[日]谷口安平:《程序的正义与诉讼》,王亚新、刘荣军译,中国政法大学出版社 1996 年版。

② 参见[美]马丁·夏皮罗:《法院:比较法上和政治学上的分析》,张生、李彤译,中国政法大学出版社 2005 年版。

③ Stephen G. Breyer, The Independence in the United States, Saint Louis University Law Journal Summer 1996, p.989.

④ Peter Schlosser and Walther Habscheid, Federal Republic of Germany, in S. Stetreet and J. Deschenes(eds.) Judicial Independence: The Contemporary Debate, Martinus Nijhoff Publishers 1985, pp.78—93.

院遵循上级法院先例的具体方式;二是先例对下级法院客观约束力的来源。对此,代表性的论述有法国学者皮埃尔·布迪厄(Bourdieu, P.)和美国学者华康德(Wacquant, L.D.)共同撰写的《实践与反思——反思社会学导引》一书。该书阐述了美国作为判例法国家,实行遵循先例原则的具体方式,解释了在长期的法治发展过程中,形成了对司法先例严格遵循的司法"惯习",使得上级法院作出的判决在下级法院审理同类案件时具有客观上的约束力。①遵循先例并不是上级法院对下级法院的直接干预。美国法学家梅利曼(John Merryman)对此作了进一步解释:下级法院法官之所以参考案例作出裁判,是因为法官受到先前法院判例的权威的影响,同时不愿冒自己所作判决被上诉审撤销的风险。下级法院法官在有充分的理由情况下,也可以改变先例的规则另行作出裁判。②

关于上下级法院管理,域外相关学术研究的关注度较高,也是近年来不少国家司法改革的重点之一。美国法学家汉斯·凯尔森(Hans Kelsen)认为:理论上一个国家的上下级法院之间只需要存在审级关系即可,然而,这种理想的状态在实践中并不存在。上级法院在下级法院行政事务上发挥自己的作用。③唐纳德·达林(Donald C. Dahlin)在《法院管理模式》一书中围绕美国联邦和州法院管理体制,对包括上下级法院间政务管理在内的法院管理模式进行了全面研究,主张采用集权和分权结合的权变管理模式。④加拿大学者吉拉德·米切尔(Gerard Mitchell)在《加拿大司法委员会关于法院管理可替代模式的计划》研究报告中对加拿大法院管理进行全面分析,从法院管理决策的权责主体以及法院内部管理体系之间的关系论述法院管理模式,指出法院管理应当采用有限自治和委员会的方式。⑤

(三)对现有研究成果的评价

上述各方面研究成果,对上下级法院关系问题进行了深入的分析,探讨了不同国家上下级法院关系的基本架构、审级关系定位、审级制度运行等问题,并对其中重要的方面,如案件请示、司法政务管理等进行了有益的探讨。

---

① 参见[法]皮埃尔·布迪厄、[美]华康德:《实践与反思——反思社会学导引》,李猛、李康译,中央编译出版社 1998 年版,第 186—188 页。

② 参见[美]约翰·梅利曼:《大陆法系》,顾培东、禄正平译,法律出版社 2004 年版。

③ 参见[美]凯尔森:《法与国家的一般理论》,沈宗灵译,中国大百科全书出版社 1996 年版,第 307 页。

④ See Donald C. Dahlin, Models of Court Management, Millwood, N.Y Associated Faculty Pr., Inc., 1986.

⑤ See Gerard Mitchell, Canadian Judicial Council Project on Alternative Models of Court Administration, available at http://www.cjc-ccm.gc.ca.

但是,既有研究也存在一些不足之处。

杜豫苏法官的《上下级法院审判业务关系研究》一书,在我国上下级法院审判业务关系的梳理和总结方面作出了重要贡献,但一方面,该书的研究对象仅限于上下级法院的"审判业务关系",对这之外的审判指导、审判管理和司法政务管理关系则较少涉及,缺乏一个对上下级法院关系全面观察的视野;另一方面,由于作者更多地注意到上下级法院审级职能模糊、下级法院依附于上级法院等审判业务关系中的具体表现,而没有注意到审级独立等更深层次的价值追求,所以,在分析和对策中所蕴含的理论深度有所欠缺。

王文杰硕士的《当代中国上下级法院关系研究》论文,从划分法院上下级关系的一般原理出发,总结中国上下级法院关系存在的问题及危害,分析中国上下级法院关系异化的原因,并最终提出了推进法院的去行政化、重构法院的人事财政制度、合理划分四级法院的职能的改革建议。文章注意到上下级法院关系除了法律规定的审级监督关系外,人事政务管理工作同样影响重大,并且提出的改革建议也具有较高的合理性,对于全面研究我国上下级法院关系作了一项重要的尝试。然而,由于作者的实践阅历和资料来源所限,文章对上下级法院间各类非审判工作仅关注到了绩效考评和人事管理等几个少数领域,而对系统性的审判指导、审判管理和司法政务管理缺乏实证研究和相关分析,导致全面研究我国上下级法院关系问题的学术目的没有完全达成。

对于其他相关学术研究,笔者主要有以下几个方面的评判:

第一,从对象上看,理论界既有研究对上下级法院关系问题中的某些方面进行了较为深入的探讨,但只是对其中部分问题的关注,没有对上下级法院关系中的基本理论问题予以厘清,也缺乏基于实践体验对我国上下级法院关系的全景式描述。因此,既有理论成果对该问题的研究显示出较为明显的碎片化特征。实务界的有关探讨也主要是围绕《关于规范上下级人民法院审判业务关系的若干意见》以及法院管理等领域的某些专项工作进行一般性的理解和阐述,缺乏对现实中庞杂的上下级法院关系充分的提炼和总结,没有从理论层面进行系统、深入的思考。

第二,从方法上看,既有研究大多把上下级法院关系作为一种静态的、固定的社会现象进行价值分析。然而,上下级法院关系本身是动态的、变化的,研究这一问题,必须对司法实践过程进行实证分析和系统分析,仅仅进行价值分析,无法揭示上下级法院之间的关系和互动机制。此外,既有的研究成果中对当前上下级法院关系的观察往往偏向理论分析或实证分析一种，即学术界的观察因为难以掌握上下级法院联系和互动的具体样态，往往是结合较为有限的实证资料进行理论上的分析和探讨，而实务界不少研究者由于欠缺有效的学术训练和较高的理论水平，相关研究往往是针对各类现象的简单描述和较为粗浅的分析，总体上，缺少有效运用理论分析和实证分析两种方法的上下级法院关系的研究成果。

第三，从视角上看，既有研究对法院的审判职能和法院内的审判权运行机制关注较多，而跳出审判职能和法院系统本身来观察上下级法院关系的研究则较少。事实上，上下级法院关系内涵十分丰富，既是我国司法体系多方面因素相互影响的结果，也是司法权在整个国家权力架构中运行所展现出来的一个方面，为此，有必要从上下级法院所有的联系与互动着眼，从整个司法体系乃至整个国家治理和权力结构着眼，从更加宏观的视野中探讨我国上下级法院关系的问题与解决路径。

第四，从结论上看，既有研究在提出相关问题的解决方案中，更多的注意力集中在理论的自洽和方向的正当，强调推进司法公正和增强法院独立性的重要性，却忽视了当前司法环境对上下级法院关系的客观要求，没有对制度变革在实践中的生命力和可操作性给予足够的关注。如有关上下级法院的司法政务管理体制改革，有学者从推进法制统一、抵制司法地方化影响、加强对下级法院监督的角度，提出了把现行上下级法院审判监督体制改为垂直领导体制。①此后，党的十八届三中全会提出要“推动省以下地方法院人财物统一管理”的改革举措，学界又有将“统一管理”解释为法院系统“垂直管理”的倾向。然而，这样的主张显然没有注意到，在我国“集中统合”的传统管理模式下，很容易进一步加剧上下级法院间的行政化关系，对本应独立履行审判职责的上下级法院关系架构造成严重损害，也不具有实际的可操作性。

三、研究思路、主要方法和创新

（一）研究思路

在《宪法》和《人民法院组织法》等法律中，上下级法院关系一直是一个相对模糊的问题，这其中既包括立法上仅要求“上级法院监督下级法院审判工作”，并没有明确“审判工作”的范围，也包括上下级法院间审判工作之外的关系如何处理的缺失。实践中频繁出现的种种有违司法规律的做法和现象，以及司法体制机制改革中面临的上下级法院关系定位的困惑，与此有密

① 参见赵小军、赵化宇：《关于实现我国高院跨区设置、法院垂直管理暨三审终审制度之构想》，《甘肃政法学院学报》1999年第3期。

切关系。虽然学者和公众对于上下级法院之间的案件请示、个案批复等现象多有批评，但除了将这类现象归责于“司法行政化”、审级不独立之外，似乎很难提出行之有效的对策，更缺乏对这些问题背后存在的深层次原因的深刻反思。针对这一现状，笔者试图通过研究解决以下问题：

1. 我国立法和实践对上下级法院关系的主要定位

通过对我国《宪法》、《人民法院组织法》、“三大诉讼法”等法律规范进行细致的文本分析，梳理总结我国上下级法院关系在宪法制度设计上的目标以及立法定位。同时，开展一定的实证研究，总结当前我国司法实践中上下级法院关系的实际运行状况。

2. 当前我国上下级法院关系对整个司法体系的影响

基于对我国当前上下级法院关系的立法和实践梳理，结合我国司法体系运行的客观条件和总体环境，总结分析当前上下级法院关系在提高司法能力、维护司法公正等方面的积极意义，以及长期对整个法治建设进程的负面影响。

3. 符合司法规律的上下级法院关系

基于最权威的纠纷解决主体以及社会公平正义的最后防线的功能定位，借鉴西方法治发达国家的经验，探寻符合法治发展要求的理想的上下级法院关系。

4. 建构相对合理的上下级法院关系的原理、基本功能和现实条件

在应当满足的条件未能满足而又要保证司法公正的情况下，采用一些相对合理但满足实践要求的方法和制度，来形成符合我国权力结构、符合宪法要求、能够在当前司法体系中长期存在的上下级法院关系，并对这样的关系所应实现的基本功能和需要的基本环境条件进行界定。

5. 当前司法改革涉及上下级法院关系的制度应如何设计、培育和运行

宏观上的法治理想只有转化为中观和微观上的制度设计和制度实施，才有可能在实践中体现其应有的价值。同时，转化后的制度还需要与整个价值体系有效融合。为此，着眼当前“全面深化改革”的大背景和社会转型时期司法改革面临的种种困境，必须进一步探讨上下级法院关系改革的理论依据，构建科学合理的上下级法院关系完善路径，以及推动制度变革落实的环境优化，最终为当前司法改革构建良性的上下级法院关系。

（二）主要研究方法

本书将遵循法学的研究范式，适当参考管理学研究方法，以我国司法实践和社会现实为对象，结合实证分析、逻辑分析、比较分析、价值分析等方法，进行研究。

1. 实证分析法

基于"实践是检验真理的唯一标准"的判断,本书将从司法实践中调取和研究上下级法院不同领域的互动资料,通过不同层级法院的一审、二审、再审情况分析上下级法院的审级监督关系;抽取若干法院,按照实地分析方法、情景分析方法,深入其中,对庭审过程、案件审判、人事政务管理中的上下级法院关系因素进行个案观察,分析具体司法情境中真实的上下级法院关系,提炼出本书的具体问题。

2. 文献资料分析法

全面检索与"上下级法院关系"有关的文献资料,利用专业文摘、索引、工具书,以及互联网信息数据库等资料,梳理分析国内外上下级法院关系问题的既有研究进展以及不足之处,避免重复前人已经完成的研究以及前人已经走过的弯路,创造性地提出自己对我国上下级法院关系合理定位和制度完善方案的观点。

3. 比较分析法

我国司法制度正面临着与社会转型发展和全面深化改革的重大挑战,推进我国司法体制机制改革,借鉴域外法治发达国家的经验和制度是其中的重要方式之一,优化上下级法院关系同样如此。选择域外法治相对发达且具有代表意义的美国、德国、法国、日本,了解其上下级法院间的审级制度、审判指导制度、审判管理制度和司法政务管理制度,探讨不同国家相关机制中由于情况差异而形成的各自特色,并在此基础上,为我国上下级法院关系研究提供有益借鉴。

4. 价值分析法

本书在形成结论的核心阶段主要采用价值分析方法,对通过实证研究和逻辑分析获得的观察成果,遵循司法改革的总体目标和方向,参照既有的法学理论和我国司法实践中的价值需求进行取舍,最终形成本书的结论。

（三）主要创新和不足

上下级法院关系是我国司法领域中为公众关注的焦点之一,也是我国司法改革的重点领域之一。上下级法院关系的异化虽然具有一定的现实合理性,但与我国现行《宪法》的制度架构不相吻合,并很大程度上导致了一系列的负面影响,如影响当事人所享有的程序权利、削弱司法权威、加剧法官在履行审判职责中的行政化因素,等等。通过研究,本书努力在以下方面有所创新,并为我国的司法实践和法治建设提供有益参考。

1. 解决法院审判权与司法行政管理权等其他权力相冲突的理论困境

法院是宪法和法律确定专门行使国家审判权的机构,然而,法院显然不是在一个真空的环境中履行职责,而是需要充分的物质和环境保障。为了实现法院系统的正常运行,上下级法院之间除了依照诉讼法规定进行的审级互动外,还需要有必要的审判指导、审判管理和司法政务管理工作加以支持。由于这些工作关系不仅涉及审判权,还涉及司法行政管理权等权能,同时它们又基本处在同一个体系内运行,难免产生冲突。本书通过系统化的理论和实践分析,提出在整合法院审判权运行机制改革、法院人员分类管理改革等举措,建立一个审判权与审判管理权、司法政务管理权相对分离的上下级法院管理体系,有效解决上下级法院关系中审判权与其他权力可能存在的冲突问题。

2. 提升法院更好地履行公正司法职责的能力

司法公正是司法最基本,也是终极的目标,本书通过认真分析和研究"司法公正"的产出与"上下级法院关系"之间的关系,指出上下级法院关系存在的问题,分析其产生的原因,并按照司法的属性和规律重塑我国的法院体系,在保持上级法院对下级法院有效实施审级监督、审判指导、审判管理和司法政务管理的基础上,保障下级法院依法独立公正行使审判权,促使法院系统更好地实现司法公正、实现社会公平正义、保护人民群众的合法权益,这也是本书研究的社会价值。

3. 为司法改革中法院"去地方化"和"去行政化"找到合理路径

上下级法院关系改革中始终面临着"去地方化"和"去行政化"的冲突问题。近年来,中央不断强化上级法院对下级法院的审判、人事、政务等方面的管控力度,希望以此来消解地方党委、政府对地方法院的不当干预,然而,这又在客观上增加了上下级法院间的行政化因素,不利于审级独立的实现。本书通过借鉴域外国家不同审级法院关系的设置和实践,结合我国当前司法改革的客观环境和条件,重构我国上下级法院的关系,兼顾、协调司法改革中的去地方化和去行政化两方面要求,这也是本书的实践价值。

当然,在笔者的研究过程中也发现,由于自身的研究水平有限,本书在思路和内容上还存在以下方面的困难和不足:第一,司法实践中上下级法院关系的实际状况把握不够全面。由于不少上下级法院间的互动并不是以制度性和程序性事项表现出来,所以,在寻找当前上下级法院实际关系状态的数据和案例支撑方面存在不少困难。第二,对于域外上下级法院监督管理的制度背景和制度土壤把握不够深入。域外上下级法院之间的审级制度、人事政务管理制度等均有其特殊的背景和存在环境,了解和掌握这些因素对于我国司法改革的借鉴具有重要意义,同时,也面临着不小的困难。第三,如何确保制度完善方案适应我国整体权力结构和社会环境较难把握。如何改变当今上下级法院关系异化的现状、构建科学合理的上下级法院关系不仅是一个司法层面的问题,而且还是一个涉及国家政治体制整体改革的问题,在提出完善方案时必须综合考虑多方面因素。上述这些问题也是笔者在今后的拓展研究中需要重点关注并加以完善的方面。

第一章　上下级法院关系的基本理论问题

研究上下级法院关系问题，首先要界定相关概念的内涵外延，明确在什么情况下构成我国宪法意义上的上下级法院，以及上下级法院关系所涵盖的主要内容，以此作为相关学术研究和对话的平台。同时，还要厘清划分上下级法院的基本原理，始终保持对实现依法独立公正审判这一价值的坚守和追求，将其作为基本标尺来衡量其他事项的利益取舍，为本书的研究指明基本方向。

第一节　“上下级法院关系”的概念和范围界定

一、主要概念的界定

在界定具体研究对象和范围的过程中，我们首先要确定“上下级法院”和“关系”两个基本概念。

（一）关于“上下级法院”

在法学界的一般概念中，“上下级法院”并不是一个需要特别予以关注，并认真分辨的概念。在对我国现行宪法和法律的一般理解中，一般认为，上下级法院就是按照行政区划和不同的层级，从上到下设立的全国性的最高人民法院、省（自治区、直辖市）一级的高级人民法院、设区市一级的中级人民法院以及县（不设区的市、区）一级的基层人民法院，他们在我国法院系统中相互构成上下级法院。

毫无疑问，根据法院的既定层级，我们可以笼统地说，最高人民法院、高级人民法院和中级人民法院均为基层人民法院的上级法院，最高人民法院和高级人民法院是中级人民法院的上级法院，以此类推。然而，从法律适用和诉讼程序的实际运行来看，确定上下级法院关系还应当注意不同层级法院的“辖区”要素。例如，《民事诉讼法》第 164 条规定：“当事人不服地方人民法院第一审判决的，有权在判决书送达之日起十五日内向上一级人民法院提起上诉。”在具体的诉讼程序中，一个基层人民法院的一审案件的当事人想要依据《民事诉讼法》第164条的规定上诉，显然不能向全国任意一家中级人民法院提起，而必须根据已经划定的审级管辖区域，向该基层法院所在的设区市（或直辖市中具有管辖权）的中级人民法院提出。也就是说，在具体到某一地方法院时，除最高人民法院是其当然的上级法院外，确定其上级法院还必须将级别要素和管辖要素结合起来加以明确。

为此，可以对上下级法院概括性描述如下：根据我国《宪法》和《法院组织法》的规定，最高人民法院是最高一级的审判机关，高级人民法院、中级人民法院和基层人民法院构成地方各级法院，其层级逐级递减。在确定具体法院上下级关系中，应当遵循以下方式：包括高级人民法院、中级人民法院、基层人民法院在内的全国所有地方法院均为最高人民法院的下级法院；高级法院辖区内的所有中级人民法院和基层人民法院均为其下级法院；相类似的，中级人民法院辖区内基层人民法院为其下级法院；基层人民法院不再有其下级法院。

除最高人民法院和地方各级人民法院以外，我国法院结构体系中还存在一类较为特殊的法院，即专门法院。《宪法》第129条第1款规定：“中华人民共和国设立最高人民法院、地方各级人民法院和军事法院等专门人民法院。”由此可见，宪法明确规定的专门法院仅“军事法院”一种，但同时对专门法院的具体范围和设立调整留下制度空间。当时的立法者对此解释：这样的规定“较为灵活，除明确必须设立军事法院外，对其他专门法院的设置不作具体规定，可以根据实践，需要设的就设，不需要设的就不设”。[①]从我国当前的法院系统设置来看，实践中存在军事法院、铁路运输法院、海事法院、林区法院、农垦法院等，对于几类主要的专门法院的上下级关系，笔者作如下梳理：

关于军事法院，随着2016年2月我国七大军区改为五大战区调整完毕，我国当前军事法院分为战区下属的地区军事法院及解放军直属军事法院、战区军事法院和总直属军事法院、中国人民解放军军事法院三级，在审级上相当于基层人民法院、中级人民法院和高级人民法院。各级军事法院依法审理现役军人犯罪案件、最高人民法院授权和指定管辖的民事案件等。军事法院在建制上隶属于军队，相关的上下级法院也是由军队隶属关系决定的。

---

① 王汉斌：《关于修改〈人民法院组织法〉和〈人民检察院组织法〉的说明》，《人民日报》1983年9月3日。

关于铁路运输法院，1980年，根据司法部、铁道部联合发出的《关于筹建各级铁路法院有关编制的通知》，在北京设立铁路运输高级法院，在铁路局所在地设立铁路运输中级人民法院，在铁路分局所在地设立铁路运输法院。1987年，铁路运输高级法院被撤销，铁路运输中级人民法院和基层法院审判业务由铁路运输中级人民法院所在地高级法院指导，人财物隶属各铁路局。2012年7月，全国的铁路运输法院全部整建制移交地方，由所在地高级人民法院承担管理职责。①2012年7月30日，最高人民法院发布《关于铁路运输法院案件管辖范围的若干规定》，授权各高级人民法院指定本辖区内的铁路运输基层法院受理其他民事案件和执行案件，其中，基层铁路运输法院审理的涉及铁路运输的案件上诉的，由原隶属的铁路运输中级人民法院受理，其他案件上诉的，根据高级人民法院指定，由所在地的地方中级人民法院或原隶属铁路运输中级人民法院受理。因此，铁路运输中级人民法院的上一级法院为所在地高级人民法院，而铁路运输基层法院的上一级法院则既可能是原隶属的铁路运输中级人民法院，也可能是所在地的地方中级人民法院。

关于海事法院，1984年，全国人民代表大会常务委员会通过了《关于在沿海港口城市设立海事法院的决定》，规定根据需要在沿海一些港口城市设立海事法院，海事法院对所在地的市人大常委会负责，海事法院的审判工作受所在地的高级法院监督。对海事法院的判决和裁定的上诉案件，由海事法院所在地的高级法院管辖。由于海事法院在审级上相当于一般的中级人民法院，其上级法院均为所在地高级人民法院，且没有下级法院。

关于知识产权法院，2013年，党的十八届三中全会通过的《中共中央关于全面深化改革若干重大问题的决定》中提出，为加强知识产权运用和保护，健全技术创新激励机制，探索建立知识产权法院。2014年8月31日，十二届全国人大常委会第十次会议表决通过了《全国人大常委会关于在北京、上海、广州设立知识产权法院的决定》。根据规定，知识产权法院在审级上相当于中级人民法院，知识产权法院第一审判决、裁定的上诉案件，由其所在地的高级人民法院审理，故其上级法院均为所在地的高级人民法院。

关于林区法院，1980年12月，林业部、司法部、公安部以及最高人民检察院联合发布了《关于在重点林区建立与健全林业公安、检察、法院组织机构的通知》，规定在大面积国有林区的国营林业局和木材水运局所在地设立林区法院，在林管局所在地或国有林集中连片区，根据实际需要，设立林区

---

① 参见《铁路司法："前世今生"》，新华网，http://news.xinhuanet.com/2015-05/26/c_1115416220.htm，访问日期：2016年3月1日。

中级人民法院。基层林区法院审判工作受林区中级人民法院监督,或受所在地中级人民法院监督。因此,林区基层法院的上级法院为具有上诉管辖关系的林区中级人民法院或地方中级人民法院。①

（二）关于“关系”

在《辞海》中,“关系”被解释为:(1)事物之间相互作用、相互影响的状态。(2)人和人或人和事物之间的某种性质的联系。(3)对有关事物的影响或重要性;值得注意的地方。(4)泛指原因、条件等。(5)表明有某种组织关系的证件。(6)关联;牵涉。作为一个确定的研究对象,本书所述的上下级法院关系,应当取“关系”的第一种,也是通常的含义,即在我国法院体系中,上级法院与下级法院之间相互作用、相互影响的状态,也就是相互之间的联系。

根据马克思主义哲学原理,事物是普遍联系的,上下级法院之间的联系在不同层面上将是海量的。作为一项宪法学研究,本书无法,也不应该将其不加区分地予以考察,而是应该科学地予以界定。

本书的研究目的是通过对上下级法院关系的制度定位与实践检视的对比,考察相互关系对法院履行自身职能、推进国家法治进程的影响,进而为当下的法律完善、制度建设以及司法改革提供有益参考。基于这样的旨趣,本书对上下级法院关系的研究,在制度层面上,要探讨的是当前我国上下级法院之间的审级关系、审判指导关系、审判管理关系、司法政务关系等方面的具体状况;在理论层面上,要讨论的则是在社会主义法治建设的背景下,上下级法院关系的理想定位是什么,我们如何才能构建并保持科学、合理的上下级法院关系。对法律制度的探究,必须兼顾应然和实然两个方面。②我国《宪法》第132条以国家根本大法的形式,对我国上下级法院关系作出了原则性框定。本书对上下级法院关系的讨论,也正是在《宪法》第132条的视域下,从实然的法律制度架构和实践图景切入,寻找其中可能存在的问题,并研究应然的状态,进而对法律规范和具体关系的完善给出有益的指引和参考。

（三）“上下级法院关系”界定

综合前文对“上下级法院”的分析,笔者认为,在界定本书的上下级法院关系的内涵上有以下几方面的原则和边界:

---

① 参见杨帆、黄斌:《试论我国林区法院的设置改革》,《法律适用》2011年第7期。

② 参见周占生:《关于“应然”和“实然”的法哲学思考》,《河南大学学报》(社会科学版)1994年第3期。

1. 特定时空边界

上下级法院关系首先是一个历史性概念,不同历史阶段对法院的架构和相互之间的关系有着不同的要求,这一点在我国法制发展进程中有着显著的表现。上下级法院关系作为一个历史性的概念,标志着它不是一成不变的,而是不断发展和变化的,甚至是以一种非制度性的方式与时俱进。这就要求我们在考察这一研究对象时,必须关注其现象背后的发展脉络和历史根源,同时也要对其今后的变化进行一定的预判和准备。同时,上下级法院关系也是一个空间概念,在不同的区域和层级,上下级法院之间的联系与互动也会有不同的表现。如经济发达地区的法院与经济相对落后地区的法院由于在地方司法经费保障力度上的区别,上下级法院间有关司法政务和行政装备上的依赖度往往有明显差异。最高人民法院对地方法院的监督指导关系与市级范围内中级人民法院对所辖基层法院的管理也有相当大的区别。

2. 特定价值边界

在西方一些国家,其国家权力分为立法、司法和行政,主张这三种权力相互分立、相互制衡,保证权力在宪法和法律的限度内运行。我国虽然不是三权分立的国家,但仍主张在人民代表大会制度框架下的权力分工,让立法权、行政权、审判权、检察权分别由不同的机关行使。其中,人民法院是根据宪法和法律负责行使国家审判权的机关,以依照法律作出公正裁判作为其基本职能,其他一切职能都应当是围绕其基本职能存在并为履行基本职能服务的。为此,在上下级法院之间的协调和互动中,也应当是以促使和保障人民法院依法独立公正行使审判权为根本目标,以实现这一目标为价值边界。

3. 特定对象边界

在我国法院系统中,所有的法院均被分为基层人民法院、中级人民法院、高级人民法院和最高人民法院四个层级。基于我国单一制的国家结构和法制统一的基本制度设计,所有的法院均处于密切的相互联系之中,即使没有直接的案件审级联系,至少也是同属最高人民法院监督下的地方法院。那么,本书所关注的上下级法院关系是否应当包括不具有制度性管辖关系的具体的较高层级法院与较低层级法院的关系?实际上,不具有制度性管辖关系的两家法院之间同样可能存在较高层级和较低层级的区别。如江苏省高级人民法院与上海市浦东新区人民法院,一方面,它们分别作为我国所有高级人民法院和基层人民法院集体中的一员,具有相应层级法院的基本的共同特征,并且基于这些特征,在一定程度上反映了我国法院的生态体系内的整体性结构关系,从这一意义上说,作为整体的基层人民法院和高级人民法院相互之间的关系当然属于本书的研究范围;但另一方面,不具有管辖关系的两家法院,从制度上仅存在案件移送、委托送达、委托执行等协助性事务关系,仅为独立、平等的两家法院之间的业务往来,与两者间的层级属性并没有直接关联。而非制度性的联系,如工作经验学习借鉴等更不体现其法律上的层级特征,因而,不作为一个独立的对象纳入研究范畴。

本书对上下级法院关系含义的界定是:在法院体系中,不同层级法院在整体上关联以及构成具体上下级关系的法院之间,在设立、管理、监督、履行司法职责等领域的相互作用、相互影响的状态以及相应的变化规律。需要指出的是,在这个概念界定中,还有一个容易产生疑问的问题需要说明,即上下级法院关系是否包括上下级法院中的法官关系。对此,我们应当明确,"法律不仅想成为用以评价的规范,而且欲作为产生效果的力量,法官就是法律由精神王国进入现实王国控制社会生活关系的大门,法律借助于法官而降临"。①"徒法不足以自行",法律的生命在于实践,实践的灵魂在于法官,法官是让法律从理想王国走向现实世界的唯一"钥匙"和"大门"。无论学界关于我国司法权行使主体是法院还是法官的争论如何激烈,都不能否认司法权的运行最终体现为一个个具体的、鲜活的法官所作出的个案裁判。在上下级法院关系的形成和互动中,也最终体现为对法院中的个体,特别是具体的法官的影响。因此,上下级法院中法官之间的关系不仅是本书研究的重要内容,而且也是上下级法院关系的真正承载和表现。

二、主要研究范围的框定

"上下级法院关系"的外延决定了本研究的具体范围。如前所述,事物之间的关系往往纷繁复杂,即便在《宪法》第 132 条的视域下,仍有相当广阔的范围。本书对"上下级法院关系"的研究范围主要集中在审判工作关系、审判指导关系、审判管理关系以及司法政务关系。确定这一范围,主要是基于以下几个因素的考虑:第一,围绕法院自身职能的发挥。依法裁判案件是法院的基本职能,也是上下级法院关系中的核心所在,我们在框定研究范围时,应当以法院审判工作关系为主线,同时根据与审判职能发挥的关联度来适当选取;第二,从国家权力的基本架构中进行观察。在国家权力架构中,局限于法院系统内部来探讨上下级法院关系显然是不够的,需要结合上下级法院通过党的组织、人大、政府、检察机关等渠道发生的联系,来探讨相关问题;第三,满足法治建设的基本需求。党的十五大第一次明确提出了"依法治国"的国家治理方式,党的十八届三中、四中、五中全会及十九大更是对

① [德]拉德布鲁赫:《法学导论》,米健、朱林译,中国大百科全书出版社 1997 年版,第 100 页。

深化改革、推进国家法治建设进行了部署。当前我国新一轮司法改革也正在推进，本书的研究同样关注到这些国家层面的重要举措，以宪法规范为出发点，努力回答国家法治建设和司法改革中存在的一些问题，为相关改革提供有益参考。基于以上考虑，本书将研究的上下级法院关系作如下阐述：

（一）审判工作关系

第一，角色分工关系。一方面，不同层级的法院在发挥解决纠纷功能的侧重点有所不同，通常来说，"越接近塔底的法院，越侧重解决纠纷功能，越关注事实问题；越接近塔顶的法院，越偏重法律统一功能，更加关注法律问题，也更依赖初审法院查明的事实"。[①]另一方面，解决纠纷也并不是法院承担的唯一功能，除此以外，法院还具有一些从纠纷解决功能中衍生出来的功能，例如，解释法律、实践公共政策、甚至"法官造法"，等等，这些功能往往更多地体现在层级较高的法院工作当中。

第二，上诉复审关系。法院依照法定程序裁判案件，发挥纠纷解决功能，这构成了法院赖以存在的制度基础和前提。人类的理性和反复的实践都说明，一次诉讼程序有可能输出非正义的裁判结果，"即使法律被仔细的遵循，过程被公正恰当的引导，还是有可能达到错误的结果"，[②]因此，各国法律普遍设置了纠正非正义结果的特殊制度和程序。上诉权作为诉权的自然延伸，被授予案件当事人，允许其在满足一定条件的情况下，针对下级法院已经作出的裁判的案件提请上级法院再一次予以审理，以确保法院裁判的正确性，更加充分地保护其合法权益。

第三，程序监督关系。法院和法官独立公正审判并不排斥，也离不开依法进行的监督，特别是在某些具体的程序性事项的监督方面，上级法院具有天然的专业性和适当性。为此，法律规定了上级法院对下级法院采取某些程序性措施的审批权，以实现对相关事项的有效监督。如《民事诉讼法》第38条规定："……确有必要将本院管辖的第一审民事案件交下级人民法院审理的，应当报请其上级人民法院批准。"

第四，非制度性审判工作关系。我国上下级法院之间还存在一些非制度性的审判工作关系，案件请示就是其中一种。"案件请示是指下级法院就重大、疑难案件和法律适用问题向上级法院进行请示并要求答复，在中国是一项没有明确法律依据却又在实际上普遍实行的非正式制度。"[③]此外，对于

① 何帆：《论上下级法院的职能配置》，《法律适用》2012年第8期。

② ［美］约翰·罗尔斯：《正义论》，何怀宏等译，中国社会科学出版社1998年版，第86页。

③ 侯猛：《案件请示制度合理的一面》，《法学》2010年第8期。

下级法院正在审理的重大、"敏感"或者具有某些特殊情形的案件,在一审裁判作出前,上级法院了解案情、听取汇报、要求下级法院在立案、裁判前先行报批等"提前介入"的情况也时有发生。

(二)与审判工作直接关联的非审判工作关系

单纯从审判职能出发,理想中的上下级法院关系仅存在于审判工作关系。然而,一个国家的法院体系的构成和有效运行,显然不是做好审判工作本身就可以实现的,还需要一系列的辅助事务加以保障,这些手段和渠道形成了上下级法院之间的非审判工作关系。根据与审判工作本身联系的密切程度,我们又可以将其分为与审判工作密切相关的非审判工作关系以及其他非审判工作关系。前者是直接作用于审判权运行本身的举措所形成的关系,而后者则属于同样重要,但仅间接作用于审判的其他辅助性事务所形成的关系。与审判工作密切相关的非审判工作关系,主要包括以下两个方面:

1. 审判指导关系

在我国不同法院层级中,最高人民法院处于顶端,需要通过审判指导的推进,将中央的理念要求及时传达到各级法院,又要确保法律规范在辖区范围内得到正确、统一地适用,审判指导在弥补法律缺漏、规范法官自由裁量权、推进法律适用统一方面发挥着不可或缺的作用。"最高法院还是要更加注重发挥统一指导全国审判工作的职能作用,只有这样才能起到事半功倍的效果。"①我国最高人民法院主要有以下几种审判指导方式:一是制定司法解释。我国经济社会正经历着快速的发展,抽象的法律规定往往难以适应具体、变化的社会管理需求。根据《关于加强法律解释工作的决议》规定,全国人大常委会授权最高人民法院就审判工作中具体应用法律的问题进行解释。通过司法解释,指导全国各级法院在审理相关案件时如何具体、统一地适用法律。二是制定司法文件。除了司法解释,我们也不应忽略那些同样出自最高人民法院,并"在事实上对整个法院体系的法律适用活动产生重大乃至决定性影响的司法文件,这些司法文件包括却不限于会议纪要、通知、意见、法院印发的司法官员公开讲话、媒体刊载的司法官员的'答记者问'以及法院官方出版物中的某些特定文章等"。②三是发布指导性案例。2010 年 11 月,最高人民法院印发了《关于案例指导工作的规定》,正式确立了我国的案例指导制度。案例指导制度有助于补充司法解释的不足,统一适用规范、协调社会利益冲突和价值的对立。除上述三种主要方式外,最高人民法院

① 王斗斗:《加强审判指导才能事半功倍》,《法制日报》2010 年 4 月 26 日。

② 黄韬:《最高人民法院的司法文件:现状、问题与前景》,《法学论坛》2012 年第 4 期。

还通过召开审判业务会议、组织法官培训等形式，对地方各级人民法院的审判工作进行指导。而高级人民法院和中级人民法院虽然没有司法解释权，但也可以通过制定审判业务文件、总结审判经验等与最高人民法院类似的方式对下级法院进行审判指导。

2. 审判管理关系

任何组织体的目标的实现，都离不开科学合理的管理活动。法院的基本职责和目标是公正高效地审判案件，而为保障这一目标的实现必须对审判工作进行必要的管理。从概念上说，审判管理是“人民法院基于对审判活动规律的认识和把握，以提高审判质量、效率和效果为目标，以服务审判、规范和保障审判权依法独立行使为原则，运用计划、组织、指挥、监督和制约等方法，对审判行为与过程实施调控、评价与引导，从而保证审判工作遵循正确的方向，并公开、公正、高效、有序地运行”。①1999 年，最高人民法院颁布的《人民法院五年改革纲要》第一次明确提出了有关审判管理的改革任务。之后，随着我国司法改革的整体推进，我国法院系统审判管理逐步形成不同于人事政务管理的司法管理活动。从内容上说，一般认为，审判管理包括流程管理、质量评查和绩效评估三个方面。②而这些内容中，除了某一家法院内部的管理外，也都存在着上级法院对下级法院的审判管理工作。从目前的法院审判管理格局来看，绝大部分审判管理改革是在最高人民法院的统一协调、指导下，由各地方高级人民法院主导，推动本地区法院审判管理的模式架构和制度建设，建立审判质效量化评价体系，组织开展日常审判流程管理的监督和案件质量评查工作，而中级人民法院则对本辖区内的基层人民法院的审判工作进行相应的管理和监督。审判管理成为上级法院督促、考核下级法院依法公正高效行使审判权、有效落实中央和上级法院司法政策的重要方式，也由此形成了上下级法院在审判管理工作中的特殊关系。

（三）与审判工作间接关联的非审判工作关系

在上下级法院关系中，除了基于案件裁判的审判工作关系、与审判工作密切相关的审判指导、审判管理关系以外，其他的非审判工作关系可以被统称为广义的司法政务工作关系。相对于审判指导和审判管理，司法政务关系与法院的审判工作间接关联。“人民法院司法政务工作是指在人民法院工作中，对保障和促进审判工作实现公正、公平、为民，保障审判工作正常、有序、顺利进行所作的支持和服务工作的科学管理活动。其中，保障和促进

① 公丕祥主编：《审判管理理论与实务》，法律出版社 2010 年版，第 4 页。

② 参见胡夏冰：《审判管理制度改革：回顾与展望》，《法律适用》2008 年第 10 期。

是目标，提供支持和服务是手段和形式，以制度科学管理全部服务工作是核心”。[①]具体来说，司法政务关系包括以下几个方面：第一，意识形态管理。我国的法院是党领导下的人民法院，必须始终坚持正确的政治方向，并肩负着为经济社会发展提供司法保障的重要使命。上级法院有责任通过政治教育等方式，确保正确的司法理念和工作要求在下级法院中有效传递和落实。第二，人事管理。通过科学的方法、正确的用人原则和合理的管理制度，调整法院组织内部法官和工作人员的录用、考核、晋升、奖惩等事务。虽然根据法律规定，我国法院的院长、副院长、审判委员会委员、审判员由相应的人大选举或任命产生，但实际上，上级法院根据我国特有的干部“协管”制度，在下级法院的人事管理中发挥着重要作用，形成上下级法院之间的人事管理关系。第三，政务管理。这里的政务管理是狭义的，与法院审判工作密切相关的司法行政性事务，是服务审判工作和确保法院作为一个组织机构正常运行的重要保障。从具体事项来说，法院的政务管理包括了行政装备管理、文书档案管理、安全保障、后勤服务、“调研信息法宣”管理等诸多事项。司法政务工作一般由某一家法院自行实施，但上下级法院间相关工作又离不开一定的监督和协调，由上级法院承担一定的对下级法院的管理职责仍属必要。

第二节　划分上下级法院的基本原理

将司法系统中的法院划分为不同层级，是探讨上下级法院关系问题的一个基本制度前提。无论是从历史沿革的纵向来看，还是从世界各国实践的横向来看，划分不同层级法院都是非常普遍的做法。正是由于这样的“司空见惯”，导致了人们往往忽视了划分上下级法院的制度目标，以及相应的确定上下级法院关系所应考虑的因素。重新审视这些问题，对我们探讨上下级法院关系应然状态以及改进实然状态具有重要价值。

一、为什么要设立不同层级法院

现代国家中，绝大多数法院系统与行政系统相类似，均被设置不同层级，但与行政管理中的分级负责架构不同，将法院划分为不同的上下级，最直接的目标是在案件审判中形成不同的审级，确保案件在一定条件下可以

---

① 王凡、倪春敏：《基层法院司法政务工作机制的构建与设想》，载最高人民法院办公厅编：《司法政务管理与指导》，人民法院出版社2010年版，第359页。

上诉,获得某一个或某些上级法院的再次审理,以确保裁判的公正。从诉讼制度的一般意义上来说,作出这样的制度安排,主要理由和目标有以下几个方面:

（一）保障案件裁判实体公正

公正是司法最重要的价值和目标。正如培根的一句名言:“一次不公正的裁判,其恶果甚至超过十次犯罪。因为犯罪虽是无视法律——好比污染了水流,而不公正的审判则毁坏法律——好比污染了水源。”①为了在最大程度上保障司法公正,就需要将法院系统设置为不同的层级并赋予上级法院复审职能。“任何审判皆难免有错误,……为纠正审判可能发生的错误,建立法院的审级制度,即法院分为上级审或上级法院及下级审或下级法院。”②通过上诉或其他相关程序,让较低层级法院作出裁决的案件交由较高层级法院再次审查,有效纠正下级法院法官对案件事实、法律问题因故意或过失造成的错误判断,从而在最大程度上减少下级法院审判错误的概率,保证司法裁判的公正性和客观性。同时,案件通过上诉程序被不同层级法院审理,有助于增加司法的公正性,其原因并不是上级法院在任何情况下都一定能够纠正下级法院的错误,而是让下级法院的裁判在法定程序中常规性地受到监督,下级法院的裁判也会因此而变得更加审慎,从而间接地防止错误和不公的发生。

（二）保障诉讼程序形式公正

法院除了需要准确适用法律、对案件争议作出公正裁判以外,还必须通过其严谨、公平的程序来达成这一目标。设置不同层级法院,并允许上诉,不仅要在个案审判中纠正下级法院的错误和不当行为,而且还要实现诉讼程序本身所具有的特殊的程序正义价值。严谨、公正的诉讼程序,本身就具有独立的价值。一方面使实体上败诉的当事人更容易接受和认可裁判结果,另一方面也增强社会公众对司法公正的认可,因为人们判断司法是否公正更多的是从制度上的正当程序是否得到保障来看的。③设置不同层级法院,通过上诉让当事人的意见被更高层级的法院再次听取,既可以监督已有的诉讼程序是否公正,也可以让当事人更容易相信法院裁判的公正性。“人们对下面一直以来广为流传的信仰深信不疑,那就是:上诉法院同负责审判并给出初步答案的下级法院相比,无论是事实问题,还是法律问题,都更有

① [英]培根:《论司法》,水天同译,商务印书馆1983年版,第193页。

② 蔡墩铭:《两岸比较刑事诉讼程序法》,台湾五南图书出版公司1996年版,第351页。

③ 参见[日]谷口安平:《程序的正义与诉讼》,王亚新、刘荣军译,中国政法大学出版社1996年版,第11—12页。

可能给出正确的答案。"①因此,审判不仅要确保裁判结论的公正性,而且还应当通过不同层级法院间上诉审等程序充分展现裁判过程的形式公正性。

(三)保障法律适用统一

法治因统一而彰显平等和权威,法治的统一包括"法律制度的统一、法律理念的统一和适用法律解决具体纷争的统一"。②其中,司法裁判中适用法律解决纠纷的统一是法治统一的最后环节,在法律规范公正、平等的前提下,也是最关键的环节。司法过程中法律适用统一,要求在适用法律的过程中平等的对待每一起案件以及案件中的各方利益主体,保障类似案件可以类似的处理。否则,就有可能导致法律的权威性和稳定性受到影响。③然而,法律不可避免地具有"抽象性",不可能直接适用于案件裁判,因此,"法律实施的过程以解释过程为前提"。④不同的法官基于其不同的价值判断和解释方法,对法律往往有不同的理解,促进法官作出相对统一的法律解释就显得尤为重要。在现代司法体系中,上下级法院之间运行的上诉、监督制度就是解决这一问题的重要举措,也在客观上有效担负起了这一责任。案件在上诉过程中,上级法院有权用自己对法律的解释代替下级法院已经做出的解释,并在这种"替代"不断发生的过程中将自己的观点向包括下级法院在内的全社会公开,而下级法院为了减少案件裁判被改变的情况发生,也自然会将自身对相应法律的解释逐步统一到上级法院的认识中去。在金字塔式的法院系统中,上级法院在逐步减少,并最终统一到最高法院,⑤从而实现司法裁判中的法律适用统一。同时,基于这样的相对统一的法律适用,法院还从一般的纠纷解决功能中衍生出来一些新的功能,如创造规则、创制公共政策、参与社会治理,等等。

二、上下级法院关系模式的可能选择

如前所述,基于司法公正和统一法律适用等目标,法院应当被分为不同层级,并通过上诉审等制度相互联系起来。因此,上下级法院之间的关系应当是以审级关系为主,包括辅助审判工作顺利进行的其他事务关系在内的司法工作关系。参考不同的具有上下层级联系的国家机关关系,上下级法

---

① See David Frisch, Contractual Choice of Law and the Prudential Foundations of Appellate Review, 56 Vand. L. Rev. 57, Jan.2003.

② 应勇:《推进法律适用统一 促进法律有效实施》,《人民法院报》2011 年 7 月 27 日。

③ 参见朱立恒:《刑事审级制度研究》,法律出版社 2008 年版,第 105 页。

④ [法]达维德:《当代主要法律体系》,阎克文译,上海译文出版社 1984 年版,第 109 页。

⑤ 在不同国家中,最高法院也有不同的表现形式,案件裁判意义上的最高法院并不一定就是名义上的最高法院。

院关系存在多种可能的模式。

（一）领导与服从模式

纵览世界各国的政府架构，具有上下级联系的行政机关大多属于领导和被领导的关系。在这种“科层化”的体系中，下级机关在角色地位方面从属于上级机关，在职责履行方面奉行“上命下从”，除有限的自由空间外，更多的是执行上级机关的命令和要求。上下级法院关系同样存在这种领导与服从的模式。如新中国建立初期，中央人民政府委员会制订了《中华人民共和国人民法院暂行组织条例》，该《条例》规定：“下级人民法院的审判工作受上级人民法院的领导和监督，各级人民法院（包括最高人民法院分院、分庭）为同级人民政府的组成部分，受同级人民政府委员会的领导和监督。”此时，上下级法院之间的关系为领导监督关系。除了法院之外，根据我国现行宪法，与法院同属“司法系统”的检察院体系中，上级检察院领导下级检察院工作，下级检察院在上级检察院的全面领导下，依法独立公正履行检察权。

（二）监督与被监督模式

一般认为，“领导”是“率领并引导朝一定方向前进”，而“监督”是违规行为的制止和追究，二者最大的差别在于，领导关系中是首长负责制，领导者是主体，被领导者是相对被动的，仅仅拥有领导者命令、指示或指定范围内的狭小的自主权。①监督权的权限范围则要远小于领导。在上下级法院关系中，监督与被监督关系模式主要是指上级法院通过上诉审查、程序控制等方式，对下级法院的案件审判中没有依法、正当进行的事项予以纠正，是一种审判工作的监督。而在此之外的审判管理、司法政务管理则主要由不同层级法院自身负责或由法院系统外部主体负责，上下级法院之间在这些方面基本不发生联系。如在德国，法院系统是以司法管辖区分为五个纵向一体化的法院系统，每一个纵向的体系内上下级法院存在审级关系，但司法行政工作由行政机关负责。每个司法管辖区联邦最高法院的管理事务由联邦司法部负责，州法院的管理事务由所在州司法部负责。②

需要说明的是，在上下级法院监督与被监督关系模式中，上级法院在上诉审等程序中对下级法院是否准确理解和适用了法律加以审查，一旦发现错误，上级法院有权对案件进行改判或发回重审。在大部分国家法院系统中，案件裁判结果以上级法院为准，但这只是增加一道监督审查程序，并不

---

① 参见王洪坚：《上下级法院业务关系：从单向监督到双向制约》，载万鄂湘主编：《审判权运行与行政法适用问题研究》，人民法院出版社2011年版，第106页。

② 参见最高人民法院司法改革小组编：《美英德法四国司法制度概论》，人民法院出版社2002年版，第482页。

是要建立一种上级控制下级的机制，与行政化的命令与服从仍有本质区别。

（三）混合模式

“对于案件审判的权力性质，现代诉讼理论大多认同它属于纯粹的司法权，应当由司法机关独立行使。但是，对于保障和服务于审判权的司法行政管理权，各国则有不同认识。”①在审判管理、人事管理和政务管理等方面的关系中，如果上级法院有较强的影响力，就形成了另外一种上下级法院关系模式，即由相对独立的审级监督关系和具有一定行政色彩的非审判工作关系相互影响形成的混合模式。在这种模式中，上级法院的审判权威和科层管理的行政权威叠加，形成一种上级法院对下级法院的“司法威权”，②它是以上级法院的上诉管辖权为基础，以审判管理、司法政务管理权为补充，产生的一种威慑力量，上级法院在此基础上对下级法院施加一定的控制，使之尽可能地作出上级法院所期望的判决，并与上级法院协调一致的推进各项工作。日本的法院系统架构和运行就是此类上下级法院关系的典型代表。日本的最高法院不仅掌握司法行政权，而且还具有制定规则的权限。最高法院在有关下级法院诸如人事、预算以及法庭秩序等司法行政事项方面具有很高的影响力，其他上级法院对下级法院也具有类似的管理权限，日本法院也形成一个以最高法院为首的独立自主的司法体系和管理体系。③

当然，我们也应当注意到，上下级法院关系的可能模式只是对这种关系的最简约的描述，在各国的司法实践中，上下级法院关系往往受到多方面因素的影响，呈现出多种模式的混合或交替出现，甚至在某些方面脱离一般法治轨道，而以某种变态形式展现出来。为此，我们在研究中，有必要在基本理论框架内，结合客观情况，细致全面地探析最具体的上下级法院关系。

三、上下级法院关系状况的影响因素

（一）国家结构形式

法院所行使的审判权属于国家权力的一种，国家的基本制度架构自然就构成了上下级法院关系的重要影响因素，尤其是涉及国家整体和部分之间的权力分配的国家结构形式对该国家上下级法院关系模式有着相当大的影响。国家结构形式一般分为单一制和联邦制。在单一制国家中，中央和地方一般实行统一的法律制度，国家的各个组成部分在统一的领导之下。

---

① 蒋惠岭：《上下级法院关系改革的思路》，《法制资讯》2009 年第 5 期。

② 这里的“威权”是从中性意义上使用的，并非对此类上下级法院关系的否定。参见朱道坤：《司法的威权压制——一种发生在上下级法院之间的“潜规则”》，载《中山大学法律评论》第 9 卷 · 第 2 辑，法律出版社 2011 年版。

③ 参见龚刃韧：《现代日本司法透视》，世界知识出版社 1993 年版，第 69 页。

由此产生的上下级法院关系往往有以下特点：一是国家内部只有一套法院体系，上级法院对下级法院的案件都有权进行司法复审；二是上下级法院间虽然在级别、层次上不同，但其执行的意志和依据的法律是相同的。①而在联邦制国家中，中央和地方有着明确的权力划分，全国除了联邦层面的法律体系外，还存在联邦成员自己相对独立的法律体系。相应的，法院系统也存在联邦法院体系和地方法院体系的区分，地方法院和联邦法院之间往往仅存在有限的案件上诉审查关系，而审判管理、司法政务管理等方面则相互分立，互不干预。

（二）司法运行目标因素

组织体的制度设计是服务于组织运行的主要目标的。司法权作为国家权力的重要组成部分，其组织方式同样与权力运行的基本目标相关。具体到上下级法院关系，司法运行的目标差异也会导致相应模式选择的差异。从总体上看，司法权运行的目标有着功利性的政策执行和价值性的纠纷裁决的区分，前者以有效贯彻国家的政策或实现某些具体的工作项目为主要目标，司法本身具有一定的工具属性，而后者则是以发挥司法在居中解决争议、维护社会公正为主要目标，司法是实现法治的重要环节。对于政策执行型法院系统来说，“要实现中央权力和维护权威，司法方面就是要设置专门的中央法院，并构建受其控制的地方法院，塑造司法一体化的格局。”②上下级法院关系自然呈现出明显的领导与被领导的倾向。而对于纠纷裁决型的法院系统来说，在上下级法院关系中确保法院的司法中立和司法公正是其最重要的目标，也更加强调审判管理和司法政务管理系统的附属性，使得上下级法院关系中不同层级法院具有更强的独立性，更倾向于监督与被监督的关系模式。

（三）历史文化因素

萨维尼曾说过：“一个民族的法律制度，像艺术和音乐一样，都是他们的文化的自然体现，不能从外部强加给他们。”③作为法律制度中的重要部分，司法的价值目标、运行机制、管理结构和管理方式无不受历史文化的影响。在英美法系的文化中，往往强调以个体为本位的文化价值观，优先保证个体之间的独立和平等，包括法院在内的多数组织结构以横向的部门合作和纵向的相对独立为考虑重点，上级法院对下级法院的管理和干预相对较少。

---

① 参见蒋惠岭：《上下级法院关系改革的思路》，《法制资讯》2009 年第 5 期。

② 左卫民、周长军：《变迁与改革——法院制度现代化研究》，法律出版社 2000 年版，第 27 页。

③ 陈颐：《萨维尼历史法学方法论简释——以〈论立法与法学的当代使命〉为中心》，《比较法研究》2005 年第 5 期。

而在大陆法系国家的文化中,往往更强调权力的集中和统一,形成以群体为本位的文化价值观,组织效能依赖于群体凝聚力和目标一致性,结构有效性以纵向的上下级协调配合为考虑重点,在法院系统中上级法院对下级法院的管理、协调往往相对较多。

第三节　上下级法院关系的基本导向

司法作为社会长期发展过程中产生的一种权威的纠纷解决方式,是人类文明中最重要的成果之一。在现代社会,不同的国家有着不同的政治体制和国家结构,但司法大多都有着共同的特征和目标,那就是依照法律的原则和规则进行审判,权威、公正地解决社会纠纷。为了有效履行司法职责,绝大多数国家的司法体系中将法院设置成不同层级,而基于司法权独立等法治原则,一个国家中上下级法院关系应当有一个基本的价值导向,那就是不同层级法院依法独立审判,这也是我们在研究和完善我国上下级法院关系中所应当遵循的一个基本价值判断。

一、司法权独立在现代社会中的价值和意义

司法权独立发端于欧洲的启蒙思想家的分权思想。"启蒙思想家洛克的政府理论体现了权力分立学说最初的精华所在,他主张国王不能立法,而只能同意立法。国会监督法律的执行,但它自身不能执行。他的主张形成了国家权力分立和均衡政制理论的基础。"①"孟德斯鸠则在分权的基础上,较为明确和系统地提出了司法权独立的主张,认为司法机关'对人类是如此可畏',它不应当附属于任何具体的阶级或职业,并因此在某种意义上根本不成为一种社会力量——代表了每个人又不代表任何人的社会力量。"②因此,启蒙思想认为司法部门应当完全独立于其他国家机关和社会主体,并始终坚守其独立地位。

随着社会的发展,绝对的分权理论观念也有所转变,认为国家权力的分化并不完全等同于分权,其中,对部分职权的分化目的在于使公共权力更加良性地运行。即使在这种理论中,"任何一个具体行使国家权力的机关都不是全能的,它不能代替其他国家机关执行所有的职能。在特定领域内,权力

① ［英］M.J.C.维尔:《宪政与分权》,苏力译,生活·读书·新知三联书店1997年版,第61页。
② ［英］M.J.C.维尔:《宪政与分权》,苏力译,生活·读书·新知三联书店1997年版,第81页。

执行者独立自主做出决定的自主权是不可避免和不能缩小的”。[①]也就是说，在主张国家权力统一但适当分工的环境下，司法权的运行仍然有其充分的独立空间。

基于司法权的特殊属性，目前司法权独立已经成为现代国家法治中的一项重要原则。首先，司法的性质要求司法权独立。无论是在主张“三权分立”的国家，还是在主张权力统一的国家，法院所行使的司法权与其他国家权力相比，都具有其显著特征。立法机关一般负责制定法律、监督法律实施，但其本身一般不具有解决争议、裁判案件的职能。行政机关属于立法的执行机关，只有司法机关是专门依照法律审判案件的机关。为了实现公正的裁判，司法机关必须具有依照法律独立作出判断的权力。

其次，保障司法公正要求司法权独立。司法公正是司法制度赖以存在的基础，是司法永恒的主题，也是司法之于国家治理的最根本的价值所在。司法公正分为结果公正和程序公正，司法结果公正是指裁判就认定事实和适用法律方面是正确的；司法程序公正，是指司法机关的司法活动对诉讼参与人来说是公正的，所得到的权利主张是公正的。[②]而司法权独立既是结果公正的必然要求，又是程序公正的重要体现。一方面，只有坚持司法权独立，法官在案件裁判中才能真正坚持不偏不倚，根据法律和自身的经验作出公正的判断，受到干扰的司法过程无法产生公正的结果。另一方面，坚持司法权独立，“才能使诉讼中保证司法公正的全部程序发挥效用，否则，法官不受理性的支配而服从于外来的干涉和压力，程序即被‘虚置’，公正将无法实现。”[③]也就是说，坚持司法权独立，公正的诉讼程序才能真正得到落实，程序公正也才能就此实现。

最后，实现国家法治要求司法权独立。法治“要求所有国家机关及其工作人员、社会各界都依照宪法和法律履行职责、安排工作与生活，但是我们知道，总会有偏离宪法和法律规则的事情发生，总会存在由于追求（不当）利益等原因而发生的纠纷与争议”，[④]而这些争议的有效解决，都必须依仗着司法权进行最终的裁决。

当前，由法院独立行使司法权已经成为一种被广泛接受的法治理念。不少国家在宪法中作了明确的规定。例如，《日本国宪法》第76条规定：“一

---

① 吴振钧：《权力监督与制衡》，中国人民大学出版社2008年版，第52页。
② 参见何家弘：《司法公正论》，《中国法学》1999年第2期。
③ 谭世贵：《司法独立问题研究》，法律出版社2004年版，第50页。
④ 张骐：《尊重司法规律、实现司法独立、建设法治中国》，《法制与社会发展》2014年第6期。

切司法权属于最高法院及按照法律规定设置的下级法院。……所有法官依良心独立行使职权,只受本宪法及法律的约束。"《俄罗斯联邦宪法》第118条规定:"俄罗斯联邦境内的审判权只由法院行使。"第120条规定:"法官是独立的,只服从俄罗斯联邦宪法和联邦法律。"我国《宪法》同样确认了司法权独立原则,其第131条规定:"人民法院依照法律规定独立行使审判权,不受行政机关、社会团体和个人的干涉。"除了在各国宪法中得到体现,司法权独立也已经成为一项国际通行准则。其中一项突出的表现是1985年联合国通过的《关于司法机关独立的基本原则》(Basic Principles in the Independence of the Judiciary),①其中,第2条规定:司法机关应不偏不倚、以事实为根据并依法律规定来裁决其所受理的案件,而不应有任何约束,也不应为任何直接间接不当影响、怂恿、压力、威胁、或干涉所左右,不论其来自何方或出于何种理由。

二、司法权独立要求法院系统内部的独立

"在人类司法的发展史上,没有哪一种法律理念像司法权独立那样,推动着司法的法律化、职业化进程,锻造着法律运作的政治空间和专业意蕴。"②司法权独立的价值首要地表现在为司法赢得必要的空间。然而,除了司法权相对于立法权和行政权的独立以外,在司法体系内部的独立同样是司法权独立的应有之意。

虽然对司法权独立的确切含义仍然存在一定争论,但各国理论界尤其是域外国家学者在司法权独立要求"法官独立裁判"这一点上基本达成了共识。如美国联邦最高法院大法官布雷耶(Breyer)认为:"司法独立问题的核心是如何确保法官根据法律而不是自己的古怪念头或者国家的政治性、国家机关的意愿进行裁判。"③德国慕尼黑大学教授施洛瑟(Schlosser)指出:"在德国,司法独立主要表现为法官的客观独立,即法官独立裁判,仅服从法律,不受其他国家机关的指示或者其他任何可避免的影响,其中还包括在行使管辖权和履行法官行政职责时法官之间的相互独立。"④我国同样有学者持这一观点,如陈光中教授认为:司法权独立也就是审判独立、法官独立,其

① 参见张懋、蒋惠岭:《法院独立审判问题研究》,人民法院出版社1998年版,第419—423页。

② 胡玉鸿:《马克思恩格斯论司法独立》,《法学研究》2002年第1期。

③ Stephen G. Breyer, The Independence in the United States, Saint Louis University Law Journal, Summer 1996, p.989.

④ Peter Schlosser and Walther Habscheid, Federal Republic of Germany, in S. Stetreet and J. Deschenes(eds.) Judicial Independence: The Contemporary Debate, Martinus Nijhoff Publishers 1985, pp.78—93.

核心是从事审判的人员在进行审理活动和作出裁判方面拥有的独立性和自主性，除服从宪法和法律的规定之外，不应受到外界其他干预。①

法官依法独立裁判，自然也意味着作为个体的法官在进行裁判时，独立于自己所在法院的其他法官，同样也独立于上级法院以及上级法院的法官。这一要求也在诸多有关司法权独立的国际性文件中被反复强调。②法院作为保障法官个体依法独立行使裁判权的组织体，自然地在履行司法职责中应独立于包括上级法院在内的其他法院。在我国，对这一问题的认识稍有不同。我国理论界一般认为，我国的司法权独立（或者说审判独立）是指法院的集体独立，并不包括法官的个体独立。③作出这样的判断最重要的依据就是，我国《宪法》第 131 条规定："人民法院依照法律规定独立行使审判权，不受行政机关、社会团体和个人的干涉。"诚然，如果仅从字面含义来看，似乎可以得出党组织、国家权力机关、传媒、企业等主体都可以干预法院依法独立审判，以及法院内部不具有任何独立性的结论。但是，从系统解释的角度看，我国《宪法》不但规定了法院作为一个整体独立于行政机关、社会团体和个人，还在第 132 条规定："上级人民法院监督下级人民法院的审判工作"，即一个具体的法院应独立于其上级法院进行审判（当然要接受监督）。此外，我国《法官法》也明确规定：法官有"依法裁判案件，不受行政机关、社会团体和个人的干涉"的权力，说明法官是法律授权的独立行使审判权的直接主体，同样要求法官在法定审判权限范围内，独立于外部的行政机关、社会团体等力量，也独立于所在法院的其他法官以及上级法院。党的十八届四中全会提出的"让审理者裁判，由裁判者负责"改革目标也同样证明了这一点。

三、上下级法院间应当坚持独立审判的价值导向

如前所述，司法权独立已经成为一项被广泛接受的法治原则，司法权独

---

① 参见陈光中、[加]丹尼尔·普瑞方廷主编：《联合国刑事司法准则与中国刑事法制》，法律出版社 1998 年版，第 84 页。

② 如《司法独立世界宣言》规定：每一个法官均应自主地依据对于事实的判断及法律的了解，公平地决定所系属之事务，……独立于其同僚及监督者。联合国人权委员会在《关于审判人员、陪审员和陪审技术顾问的独立性及律师的独立性的宣言草案》也明确指出：法官……在作出判决的过程中，法官应与其司法界的同事和上级保持独立。

③ 如龚祥瑞教授指出，西方国家的审判独立是指法官独立，而我国则是整个审判机关作为一个整体的独立。参见龚祥瑞：《西方国家司法制度》，北京大学出版社 1993 年版，第 96 页。蔡彦敏教授指出：我国的司法独立是指人民法院、人民检察院独立行使职权，而不是指法官、检察官个人独立。参见蔡彦敏：《独立审判探源及其现实分析——寻求实现立法与现实的契合》，《法学评论》1999 年第 2 期。

立原则也内在地要求法官在进行案件审判时，独立于司法系统内部其他不同层级的法院和法官，法院作为保障法官依法独立行使审判权的组织体，也应当在履行司法职能中独立于其他法院。基于这一原则，上下级法院关系的基本架构应当坚持不同层级法院独立审判的价值导向。

首先，这是由审级功能的实现所决定的。对下级法院已经作出裁判的案件进行审慎的、再一次的审查，并在此基础上，推进法律适用统一是划定不同审级所要实现的基本功能。实现这一功能的重要前提之一便是上下级法院之间在审判中相互独立，作出裁判的过程是分离的。如果下级法院作出的裁判是与上级法院的"共同决定"，甚至仅仅是上级法院的意思表达，显然就直接失去了上诉审查的全部意义，而如果上级法院因顾及下级法院的"愿望"而虚置自己的监督权，则可能让下级法院变得"桀骜不驯"。

其次，这是由司法公正的系统目标所决定的。司法权独立并不具有终极价值，它本身不是一种目的，而只具有工具性价值，即确保法官公正无私地解决纠纷。司法公正是司法系统作为一个组织体最重要的目标，司法权独立原则同样也是为这一目标服务的手段。之所以要坚持司法权独立，就是要法官在作出裁判时，仅仅依照法律的规定和自身的良知来公正地作出判断，同时尽可能避免基于其他因素的不正当的干预，对司法公正形成威胁。这种威胁可能来源于司法系统之外的行政机关、企业，甚至舆论，同样也有可能来源于系统内部的具有上下级法院关系的其他法院和法官。司法权的直接承担者是具体的法院，直接实施者是具体的法官，基于确保司法公正的核心目标，除必要和正当的监督，即便具有层级联系，上下级法院及其法官在案件审判中也应保持独立。

最后，这是由权力制约原则所决定的。"司法权的作用强度不是无限的，必须被限定在能够与当事人权利保持平衡的限度内，使其能够在一个更为理性的轨道上运行，避免法官的恣意判断。"①对上下级法院关系中相对处于权威地位的上级法院来说，无论是法院系统，还是普通大众，上级法院的法官当然地被认为比下级法院法官更为公正严谨。这种情况被称为："顽固的上诉法院神话"。②但事实上，没有明确的证据表明，作为监督者的上级法院法官在裁判中不会或很少犯错误，所以，上级法院更需要注意对自身权力的克制和约束，防止对下级法院的审判权造成不当干预，进而对案件当事人

---

① 孙万胜：《司法权的法理之维》，法律出版社2002年版，第134页。

② 宋冰主编：《读本：美国和德国的司法制度及司法程序》，中国政法大学出版社1999年版，第229页。

的合法权益造成侵害。

总之,上下级法院之间在履行审判职能时,应当保持各自的独立性。“行政权可以接受领导者的命令,从而保证政令畅通。而司法权不存在官僚层级上的服从关系。”①同时,上下级法院之间不可能仅存在审级联系,在审判工作之外,还存在着大量的非审判事务关系,而这些关系对独立审判的影响甚至比直接的上诉制度要更加深远,如何让所有这些复杂的关系符合“独立审判”这一基本价值导向的要求,是我们必须深刻思考和努力解决的重要问题。

---

① 孙笑侠:《司法权的本质是判断权——司法权与行政权的十大区别》,《法学》1998 年第 8 期。

第二章 我国宪法和法律对上下级法院关系的设定

第一节 我国上下级法院关系的历史变迁

探究历史是认识当下的一个重要途径。我国有着悠久的历史文化传承,自古代以来,我国就建立了相对完善的讼狱体系,也有着不服案件裁断逐级上诉,直至“告御状”的层级设置。新中国建立以后,我国设立了较为完善的法院系统,也经历了一个制度体系初创、社会主义革命完成、文革期间破坏以及法治的重建并逐步完善的发展历程。在这个过程中,上下级法院关系也经历了一定的变化,最终形成了现在的上下级法院关系的基本架构。梳理这一变化以及变化背后的理论和实践依据,对于我们更好地把握当下宪法和法律对上下级法院关系的设定具有重要意义。

一、1951 年《人民法院暂行组织条例》确立的领导关系

新中国建立初期,宪法性文件《中国人民政治协商会议共同纲领》第 17 条规定:“废除国民党反动政府一切压迫人民的法律、法令和司法制度,制定保护人民的法律、法令,建立人民司法制度。”根据这一规定,1951 年 9 月 3 日,中央人民政府委员会通过了《人民法院暂行组织条例》(以下简称《暂行组织条例》),其中第 10 条规定:“下级人民法院的审判工作受上级人民法院的领导和监督;其司法行政由上级司法部领导。各级人民法院为同级人民政府的组成部分,受同级人民政府委员会的领导和监督。”第 22 条规定:“省级人民法院领导并监督所辖区域内各县级人民法院的审判工作,并在上级司法部领导下,掌管全区域的司法行政。”由此可以看出,1951 年《暂行组织条例》明确了新中国初期法院系统的架构,规定了上级法院领导和监督下级法院审判工作。同时,法院的司法行政工作总体上由司法部领导。因此,这一时期的上下级法院关系体现出一种全面的领导与被领导关系。当然,这种上下级法院的全面领导关系是与新中国建立初期国家政权体系尚不完

善、国家机构正在形成的历史背景紧密联系的，只有在上下级国家机关中形成强有力的领导与被领导关系，才能在当时的客观条件下，尽快地建立稳定的社会秩序，增强国家对全社会的掌控力。

二、1954 年《宪法》和《法院组织法》确立的监督关系

1954 年，全国人民代表大会和地方各级人民代表大会得以成立，并由全国人大通过新中国第一部《宪法》。1954 年《宪法》第 78 条规定："人民法院独立进行审判，只服从法律。"第 79 条规定："最高人民法院是最高审判机关。最高人民法院监督地方各级人民法院和专门人民法院的审判工作，上级人民法院监督下级人民法院的审判工作。"由此可见，1954 年《宪法》明确了人民法院独立审判的原则，并注意到了法院系统内部应当保持相对独立，取消了上级法院对下级法院审判工作的领导，仅保留了监督权。同样，在 1954 制定的《中华人民共和国人民法院组织法》除了重申"下级人民法院的审判工作受上级人民法院监督"外，还在第 14 条第 3 款规定："各级人民法院的司法行政工作由司法行政机构管理。"在这种情况下，上下级法院之间除了在审判工作方面的监督与被监督关系外，并没有司法行政管理等方面的直接关系，较好地保持了不同层级法院在法院系统内部的相对独立。结合 1954 年《宪法》和《法院组织法》的其他规定，所谓上级法院对下级法院的"监督"，主要包含两方面含义："一是上级法院不能干涉下级法院对具体案件的审判，下级法院除死刑案件外也不报送上级法院审核；二是上级法院除受理上诉案件外，仅按照'审判监督程序'纠正下级法院确有错误的生效裁判。"①总体来看，这一时期法院的司法行政工作由司法行政部门管理，最高人民法院及其他上级法院很难从人事、财务、物资配给等方面对下级法院形成权威和优势，而原《暂行组织条例》所授予的审判工作方面的领导权被取消，上级法院对下级法院的影响自然十分有限。当然，这样的宪法和法律的规定并不意味着当时法院独立行使审判权在实践中得到完全落实，事实上，与上下级法院关系中相对独立的法院地位形成对比的是，地方党委对法院审判工作的领导力度不断加大，案件"审前报（党委）批"的惯例在这一时期形成，并不断被强化。

三、反右扩大化及"文革"期间的混乱状态

1954 年《宪法》颁行后的一段时间内，无论是在领导人的思想中，还是在政权的组织活动以及经济建设中都得到了相当充分的尊重与落实。然而，随后的历史进程则展示了宪法的实施走向低谷的图景。"在人治和极左思

---

① 陈杭平：《历史视野下的上下级法院关系》，《人民政协报》2013 年 1 月 7 日。

潮的不断冲击下,宪法的尊严及其巨大作用,终于丧失殆尽。"[①]在这样的历史背景下,原有的上下级法院关系被逐步改变。1959 年 4 月 28 日,由于第二届全国人大第一次会议决定撤销司法部,原司法部主管的工作改由最高人民法院管理。1960 年,最高人民法院(与最高人民检察院一起)以"合署办公"的名义被并入公安部,由公安部党组"统率",经过纠正后很快又在"文革"初期被"砸烂",直到 1972 年才逐步恢复。在"文革"开始后的相当长的一段时间内,全国各级法院还普遍实行了"军管"。[②]而 1975 年制定的《宪法》对上下级法院关系这一问题没有规定。在这一历史时期,国内政治形势混乱,社会秩序被严重破坏,民主与法制荡然无存,法院系统不能正常依法履行职责,上下级法院关系也处于极为不正常的状态。

四、新时期我国上下级法院关系的逐步形成

"文革"结束以后,我国的社会秩序和法制建设逐步得到恢复。1978 年 3 月 5 日,五届全国人大一次会议通过了新的《宪法》。其中,第 42 条第 1 款和第 2 款规定:"最高人民法院是最高审判机关。最高人民法院监督地方各级人民法院和专门人民法院的审判工作,上级人民法院监督下级人民法院的审判工作。"1979 年 7 月 1 日,五届全国人大二次会议通过了《人民法院组织法》,该法第 17 条第 3 款规定:"各级人民法院的司法行政工作由司法行政机关管理";第 42 条规定:"各级人民法院的设置、人员编制和办公机构由司法行政机关另行规定"。这些规定基本恢复了 1954 年宪法和法院组织法所确定的上下级法院关系设置,即上下级法院在审判工作中是监督与被监督关系,而审判工作之外的司法政务工作原则上由司法行政机关管理。1982 年 12 月 4 日,五届全国人大五次会议通过了新的《宪法》,即我国现行宪法,其中第 132 条规定:"最高人民法院是最高审判机关。最高人民法院监督地方各级人民法院和专门人民法院的审判工作,上级人民法院监督下级人民法院的审判工作。"延续了 1954 年宪法和 1978 年宪法有关上下级法院审判工作关系的规定。然而,法院的司法行政管理体制又历经转变。1980 年 8 月 20 日,由司法部报请,经中共中央、国务院批准,决定人民法院的司法行政工作事项由人民法院自己管理。1983 年 9 月 2 日,全国人大常委会修订了《人民法院组织法》,其中,第 16 条规定:"下级人民法院的审判工作受上级人民法院监督",删除了 1979 年《人民法院组织法》中有关"各级

---

① 许崇德:《中华人民共和国宪法史》,福建人民出版社 2003 年版,第 419 页。

② 参见徐金洲:《〈关于建国以来党的若干历史问题的决议〉对"文革"军管正确结论的再认识》,《军事历史研究》2012 年第 4 期。

人民法院的司法行政工作由司法行政机关管理”的规定。之所以如此修改，原因主要在于中央认为“人民法院的司法行政工作和法院设置、人员编制、办公机构以及助理审判员的任免等由司法行政机关管理存在着许多问题与弊端。”①由此，基本形成了我国当前的上下级法院关系模式，即上级法院监督下级法院审判工作，上级法院客观上承担部分下级法院的司法政务管理工作。

纵观我国上下级法院关系的变迁历程，我们可以看出，除了新中国建立之初限于客观条件而设定的领导关系，以及“文革”前后法治发展的“中断期”以外，在审判工作方面一直保持了监督与被监督的制度设计，而变化最明显的是法院司法行政事务管理主体从行政机关变为主要由法院自身管理。这一制度的改变看似只是法院司法行政工作的管理主体发生了改变，但实际上却为此后上下级法院关系的种种表现埋下了伏笔。司法行政工作交由法院自己管理，使得法院内部不得不增设大量的综合机构负责相关工作。同时，“为了实现法院系统内部协调，上级法院对下级法院的人事管理、纪检监察、考核评选、行政装备等方面都有了越来越大的影响力。在这种相对封闭的法院系统内部，往往会产生等级分明、资源分配不公等行政化组织体容易产生的困境。”②虽然随着法律体系的不断完善和司法改革的深入推进，上下级法院的审级监督关系越来越规范，但与此同时，上下级法院之间各方面关系中的行政性因素也一直存在强化的趋势，形成了实践中非常特殊的上下级法院关系。

第二节　《宪法》第132条及相关法律规范的规定——监督审判工作

在我国现行《宪法》中，有关上下级法院关系的规范集中体现在第132条。准确理解和深入分析《宪法》的这一规定，是认识我国上下级法院关系制度设定的关键所在。

一、《宪法》第132条的具体含义

在成文宪法国家中，宪法文本始终是研究宪法问题的最基本的材料，相应地，文本主义也是解释宪法的最重要方式之一。《美国宪法百科全书》也提出：“只要可能，都应当主要依据宪法自身的语言来解决宪法问题，而不是

---

① 胡健华：《正确理解上下级人民法院之间的关系》，《人民司法》1988年第4期。

② 陈杭平：《历史视野下的上下级法院关系》，《人民政协报》2013年1月7日。

其他考虑因素。”①

本条第1款规定最高人民法院是最高审判机关，是指最高人民法院在我国审判机关体系中处于最高地位。这主要体现在以下几个方面：第一，从最高人民法院的组成来看，最高人民法院院长由全国人民代表大会选举产生，副院长、庭长、副庭长、审判委员会委员、审判员由全国人大常委会任免。最高人民法院对国家最高权力机关——全国人民代表大会及其常委会负责并受其监督。第二，从最高人民法院的职权来看，最高人民法院有权对审判过程中如何具体应用法律问题进行解释，并监督全国所有的下级法院审判工作。最高人民法院如发现地方各级人民法院和专门法院的裁判确有错误的，均有权依照相关诉讼法启动审判监督程序。第三，从最高人民法院的管辖权来看，某些全国性的大案、要案专属于最高人民法院管辖，地方各级人民法院和专门人民法院依法均无权审理。第四，不得对最高人民法院作出的裁判提起上诉。其在自己审理的案件中作出的裁判都是终审裁判，立即发生法律效力，当事人无权提出上诉，也没有更高层级的法院供其上诉。第五，从最高人民法院与其他法院关系来看，最高人民法院有权监督地方各级人民法院和专门人民法院的审判工作，而全国各级地方人民法院和专门人民法院依法均无权通过诉讼程序监督最高人民法院的裁判。②

本条第2款规定了我国上下级法院之间的审判工作关系，即最高人民法院监督地方各级人民法院和专门人民法院的审判工作；上级人民法院监督下级人民法院的审判工作。上级法院对下级法院的“监督”，主要是对下级法院在审判活动中是否正确适用法律进行监督。③概括起来，主要有以下几个方面：第一，上级人民法院对下级人民法院已经发生法律效力的判决和裁定，发现确有错误的，有权提审或指令下级法院再审。第二，在符合法定条件下，一审案件当事人提起上诉或检察院提起抗诉的，一审法院的上级法院即成为二审法院，对一审裁判认定的事实和适用法律进行全面审查。第三，在刑事案件中判处被告人死刑的，需经过法定的死刑复核程序。第四，上级法院有权依法纠正下级法院的某些程序问题。

从《宪法》第132条的文本来看，宪法确定了最高人民法院是法院系统中的最高审判机关，各地方人民法院和专门人民法院均属于其下级法院，包

① See Edited by Leonard W.Levy and Kenneth L.Karst, Encyclopedia of the American Constitution, Macmillan Reference USA, 2000, p.2681.

② 参见王德祥、徐炳：《〈中华人民共和国宪法〉注释》，群众出版社1984年版，第257页。

③ 参见蔡定剑：《宪法精解》，法律出版社2006年版，第442页。

括最高人民法院在内的上级法院有权监督下级法院的审判工作。也就是说，我国上下级法院关系中，宪法明确了在“审判工作”领域内应当是“监督与被监督”的关系，而对于审判工作之外的上下级法院关系则没有明确规定。

二、法律对《宪法》第132条的展开

“宪法的有效实施需要多方面的保障，而立法保障则是其中最重要的方面之一。立法保障主要是指通过立法将宪法的原则、规则加以法律化，从而保障它们能够得到实施。”①也就是说，宪法主要依靠立法机关制定普通法律来使它的原则、规则得到真正的落实。《宪法》第132条有关上下级法院关系的规定，同样需要最高国家权力机关通过立法加以实施。

（一）《人民法院组织法》中的相关规定

《人民法院组织法》是设定我国法院系统架构的基本法律，也是落实《宪法》中有关我国司法制度的重要法律。现行《人民法院组织法》是1979年由全国人大制定，并于1983年和2006年两次由全国人大常委会作出修改。根据现行《人民法院组织法》，我国上下级法院关系的总体设定是“最高人民法院监督地方各级人民法院和专门人民法院的审判工作”（第30条第2款）、“下级人民法院的审判工作受上级人民法院监督”（第17条第2款）。从具体监督方式上看，上级法院对下级法院的审判工作监督主要有以下几个途径：第一，二审程序。《人民法院组织法》第12条第2款规定：地方各级法院以一审程序作出的判决、裁定，当事人均可向上一级法院上诉。“二审程序中，上级法院可以发现第一审中的错误或程序违法情况并依法予以纠正，进而对第一审审判发挥监督作用，维护当事人的合法权益，保证国家法律的正确统一实施。”②在二审程序中，对一审裁判进行审查也是上级法院监督下级法院审判工作最经常使用的方式。第二，提审或指令再审程序。《人民法院组织法》第14条第2款规定：上级法院对下级法院生效判决、裁定发现确有错误的，可以启动提审或者指令再审程序。提审或指令再审，是上级法院通过启动审判监督程序，依法纠正下级法院已经发生法律效力的、确有错误的裁判的重要方式，这里的“确有错误”既包括案件处理结果在实体上的错误，也包括程序上的严重错误。第三，重大案件移送上级法院审判程序。《人民法院组织法》第21条和第25条规定：基层人民法院和中级人民法院在遇到

---

① 童之伟、殷啸虎主编：《宪法学》（第二版），上海人民出版社、北京大学出版社2010年版，第339页。

② 谭世贵：《司法独立问题研究》，法律出版社2004年版，第113页。

重大案件,认为应当由上级法院审理的,可以报请移送上级法院,为上级法院监督下级法院对重大案件的审判提供条件。第四,死刑核准程序。《人民法院组织法》第 13 条规定:死刑案件除由最高人民法院判决的以外,应当报请最高人民法院核准。由于死刑裁判是对被告人生命的剥夺,必须极其严谨慎重,为此,法律规定了死刑判决除最高人民法院自行作出的以外,需要报请最高人民法院依法审核,在二审程序以外再增加一个审级监督程序,确保在死刑判决中事实认定和法律适用准确适当。

(二)《民事诉讼法》中的相关规定

根据《民事诉讼法》的规定,在民事诉讼中,上下级法院之间主要存在以下几方面的关系,并以此来落实宪法上关于“上级法院监督下级法院审判工作”的规定:第一,级别管辖分工。从基层人民法院到最高人民法院,我国四级法院均可以受理一审民事案件。为此,上下级法院之间就存在着级别管辖分工的问题。《民事诉讼法》从第 17 条到第 20 条,根据案件的性质和案情是否重大,对这一问题进行了规定。其中,除了法律另有规定的之外,第一审民事案件一般都由基层人民法院管辖;重大涉外等特殊类型案件、在中级人民法院辖区有重大影响的案件由中级人民法院第一审管辖;属于高级人民法院辖区有重大影响的民事案件,由高级人民法院第一审管辖;属于在全国有重大影响的案件,以及最高人民法院认为应当由本院审理的案件,由最高人民法院第一审管辖。第二,上级法院对下级法院的上诉复审。《民事诉讼法》第 164 条规定:当事人不服地方人民法院第一审判决、裁定的,有权在一定期限内向上一级人民法院提起上诉。第 170 条规定:第二审人民法院对上诉案件,经过审理,按照不同情形,分别给予维持原判决裁定、发回原审法院重审或者直接改判、撤销、变更。除了典型的二审程序外,民事诉讼法还规定了不服执行异议裁定或者认为法院未在法定期限内执行等情况下申请上级法院审查的程序。如《民事诉讼法》第 225 条规定:当事人、利害关系人认为法院执行行为违反法律规定,并提出书面异议的,法院应当作出裁定。当事人、利害关系人对裁定不服的,可以在法定期限内向上一级人民法院申请复议。第三,审判监督程序。《民事诉讼法》第 198 条第 2 款规定:上级法院有权主动启动再审程序。第 199 条则规定了当事人申请再审的权利,为当事人提供了除上诉以外的新的救济途径,也为上级法院发现下级法院裁判错误并启动审判监督程序提供了渠道。第四,上下级法院之间的移送管辖和指定管辖。《民事诉讼法》第 38 条规定:上级法院在满足一定条件的情况下,可以将自己管辖的一审民事案件交下级法院审理,下级法院对其所管辖的第一审民事案件也可报请上级法院审理。通过上级法院管控下的管辖权转移,使得案件在最适宜的法院得到公正高效审判。第五,上级法院对下级法院的程序监督。上级法院依法对下级法院在案件审理中的程序进行监督,解决下级法院之间的程序性争议,避免对当事人合法权益造成侵害。如《民事诉讼法》第 36 条规定:受移送法院认为案件不属于本院管辖的,不得再自行移送,而是要报请上级法院指定管辖。第 37 条规定:人民法院间发生管辖权争议,可报请共同上级法院指定管辖。

（三）《刑事诉讼法》中的相关规定

根据《刑事诉讼法》的规定,在刑事诉讼中,上下级法院之间主要存在以下几方面的关系:第一,级别管辖分工关系。在刑事诉讼中,我国四级法院同样均有权管辖一审刑事案件。《刑事诉讼法》第 19 条至第 22 条对上下级法院之间的一审刑事案件管辖作出分工。第二,移送管辖和指令管辖关系。《刑事诉讼法》第 23 条规定:上级法院可对案件提级管辖,下级法院可请求将案件移送上一级法院审判。第 26 条规定:上级法院可以就管辖不明的案件指定某一下级法院管辖,也可以指定下级法院将案件移送其他法院审判。第三,上诉审查关系。《刑事诉讼法》第 216 条、217 条规定:当事人对一审刑事裁判不服的,可以依法向上级法院提起上诉,检察机关发现一审裁判确有错误的,应当提起抗诉。此外,根据第 188 条、194 条的规定:对于刑事诉讼中法院对妨害诉讼秩序行为作出处罚的,被处罚人可以向上一级人民法院申请复议。第 287 条规定:人民法院作出强制医疗决定,相关主体对强制医疗决定不服的,可以依法向上一级人民法院申请复议。在刑事诉讼中,上级法院通过行使二审裁判权、复议权对下级法院的审判工作进行监督。第四,审判监督关系。《刑事诉讼法》第 243 条规定:上级法院可依职权启动对下级法院裁判的审判监督程序。第五,程序监督关系。《刑事诉讼法》第 202 条规定:人民法院审理第一审公诉案件审限不足,需要延长的,需要获得上级法院批准。第 251、252 条规定:下级人民法院接到最高人民法院执行死刑的命令后或执行前,发现判决可能有错误等情形的,由最高人民法院作出裁定。第六,死刑复核监督。《刑事诉讼法》第 236 条规定:中级人民法院或高级人民法院一审判决死刑的,需层报最高人民法院核准。第 237 条规定:中级人民法院判处死刑缓期二年执行的,由高级人民法院核准。

（四）《行政诉讼法》中的相关规定

根据 2014 年全面修订后的《行政诉讼法》规定,在行政诉讼中,上下级法院之间主要存在以下几方面的关系:第一,级别管辖分工。与民事诉讼和刑事诉讼类似,上下级法院之间也存在着一审行政案件的级别管辖分工。根据《行政诉讼法》第 14 条至第 17 条的规定:一般由基层人民法院管辖第一审行政案件,但对海关处理的案件等特定类型案件以及中级人民法院辖区内重大、复杂的案件由中级人民法院一审管辖,在高级人民法院辖区内重大、复杂的第一审行政案件由高级人民法院管辖,全国范围内重大、复杂的第一审行政案件由最高人民法院管辖。第二,移送管辖和指定管辖。《行政诉讼法》第 18 条第 2 款规定:高级人民法院可以在获得最高法院批准的情况下,确定若干法院跨行政区域管辖行政案件。第 23 条、24 条规定了上级法院对案件进行指定管辖的权力,以及下级人民法院可以报请上级人民法院管辖本应由自己管辖的一审案件。第三,上诉程序。《行政诉讼法》第 85 条规定:当事人不服第一审判决、裁定的,有权向上一级法院提起上诉。第 59 条第 3 款规定:对罚款、拘留不服的,可向上一级法院申请复议。第四,再审程序。《行政诉讼法》第 90 条、92 条第 2 款规定:上级法院有权启动再审,当事人有权申请再审。第五,程序监督。《行政诉讼法》同样设定了上级人民法院依法对下级人民法院某些程序性事项进行监督的权力。其中,第 22 条规定:受移送的法院认为受移送案件不属于本院管辖的,应报请上级法院指定管辖。第 51 条第 4 款规定:对于下级法院不接收起诉状等情形,当事人可向上级法院投诉,上级法院有权作出处理。第 81 条、第 88 条规定:人民法院有特殊情况需要延长审限的,由上级法院批准。

(五) 小结

总结《人民法院组织法》和"三大诉讼法"中有关上下级法院关系的规定,可以看出,《宪法》第 132 条中有关"上级法院监督下级法院的审判工作"的规定,在法律体系中被逐步细化并拓展为具体的五个方面:第一,不同层级法院在案件级别管辖中的分工。虽然一审案件一般由基层人民法院管辖,但对于具有重大影响的案件或某些特殊类型的案件,法律直接将管辖权从基层人民法院转移到上级法院,由上级法院直接审理。第二,对管辖问题的特别处理。下级法院对重大、疑难等类型案件可报请上级法院管辖,上级法院也可以直接决定提级管辖。上级法院在特定情况下,还可以依法指定其他下级法院管辖其本没有管辖权的案件。第三,上诉审查。这是上下级法院关系中最重要,也是最根本的方面。我国实行两审终审制,一般情况下,一审作出裁判后,相关主体均可以向上级法院提起上诉,由上级法院重新审查后根据不同情况作出处理。对于下级法院作出的罚款、拘留处罚等情形,相关当事人也有权采取与上诉类似的措施,要求上级法院复审并作出处理。第四,再审纠错。上级法院发现下级法院发生法律效力的裁判确有错误的,有权决定再审或指令下级法院再审,依法纠正错误。第五,诉中程序监督。上级法院对下级法院在审判过程中的某些程序性事项依法予以监督,如特定情况下延长审限需要上级法院批准、受移送的法院不得再次移送,而是需要上级法院指定管辖等。

三、最高人民法院《关于规范上下级人民法院审判业务关系的若干意见》

2010 年 12 月,最高人民法院印发了《关于规范上下级人民法院审判业务关系的若干意见》(以下简称《意见》),该《意见》是一份专门规定上下级法院审判业务关系的规范性文件。

该《意见》除有关制定该意见的目的、依据的前言部分以及关于意见施行日期的第 11 条以外,主要内容共分为 10 条。《意见》第 1 条规定:最高人民法院监督指导地方各级人民法院和专门人民法院的审判业务工作。上级法院监督指导下级法院的审判业务工作。该条对上下级法院间的审判业务关系理所应当遵循的基本原则进行了总体界定。《意见》第 2 条规定:各级人民法院在法律规定范围内履行各自职责,依法独立行使审判权。该条内容明确了上下级法院关系中不同层级法院的相对独立性,并且主要体现在各自依法独立行使审判权上。《意见》第 3 条到第 5 条是关于案件在不同层级法院之间的移送审理和提级管辖问题。这些条文强调了下级法院在受理重大、疑难、复杂等特殊情形的案件后,可以报请移送上级法院审理,上级法院在必要时可以对案件进行提级审理。《意见》第 6 条和第 7 条是关于发回重审的规定。该条对第二审人民法院不规范的发回重审进行了限制,并要求二审法院详细阐述理由和依据。《意见》第 8 条到第 10 条分别规定了最高人民法院、高级人民法院和中级人民法院对下级法院进行审判业务指导的具体方式,其中,特别明确了高级人民法院有权通过制定"审判业务文件"的方式进行指导。

从内容上看,该《意见》总体上符合并延续了《宪法》第 132 条以及相关法律的规定,明确并细化了"上级法院监督下级法院的审判工作"这一总体要求,但与《人民法院组织法》以及"三大诉讼法"相比,仍存在以下几个方面的特点:一是明确了不仅是全国的法院系统作为一个整体依法独立行使审判权,单个人民法院也是"依法独立行使审判权"的主体,各级人民法院之间在依法履行职责中相对独立;二是将上级法院监督下级法院的"审判工作"表述为"审判业务工作",范围有所扩大,如高级人民法院制定审判业务文件本身也属于"审判业务"范畴,应当接受上级法院及最高人民法院的监督;三是在"监督"之外增加了上级法院"指导"下级法院的关系,虽然"上级法院监督下级法院审判工作"以及"各级法院依法独立行使审判权"的原则要求没有被突破,但在一定程度上体现,并增强了上级法院对下级法院的权威性。

第三节　我国上下级法院关系法定状态的实质——正确适用法律及其保障

我国《宪法》第132条从总体上界定了上下级法院关系的基本框架，而相关法律和司法解释也根据宪法的这一规定，从制度上进行了展开。我国的宪法和法律是人民群众意志的集中反映。从制度与实践的协调互动角度来看，宪法和法律的规定实际上反映了人民群众对我国上下级法院关系的理想和追求。本节将具体从宪法和法律规定的角度，进一步分析并总结由法律确定的我国上下级法院关系的"理想"状态。

一、审判工作关系：依法监督下级法院正确理解和适用法律

就审判工作关系而言，宪法和法律都已经明确为"上级法院监督下级法院"的关系。然而，就"监督"一词本身来看，尚需要回答与之相关的三个基本问题，即"为什么是监督"、"监督什么"以及"怎么监督"。总体来看，我国上下级法院的审判工作关系，可以用一句话概括回答：基于审判权的性质，我国上级法院应当依法监督下级法院正确理解和适用法律。

（一）为什么是监督：基于审判权的独立要求

除了《宪法》第132条的规定以外，确定我国上下级法院之间的审判工作关系应当是监督关系的理由还包括以下方面：

1.《宪法》第131条独立行使审判权的规定

不可否认，我国审判机关具有一定从属性。这是由于我国政治结构不同于西方国家的"三权分立"，也不认同完全意义上的"司法独立"，而是主张我国的一切权力属于人民，国家权力是统一且不可分割的。从整体上说，我国的立法、行政、审判、检察等权力虽然各有不同，但都属于国家权力的重要组成部分。从这一角度上看，审判权并不具有独立地位。同时，我国的审判机关由人民代表大会产生，还应当对它负责，受它监督。这种从属关系和受制关系亦说明审判权不具有完全的独立性。

但另一方面，《宪法》第131条也明确规定："人民法院依照法律规定独立行使审判权，不受行政机关、社会团体和个人的干涉。"我国的审判机关又具有相对独立性，其基本原理在于我国的国家权力由权力机关统一掌握的基础上，在不同国家机关之间进行适当分工。"现代社会越来越清醒地认识到，对国家权力进行必要的划分，避免权力集中于一群人之手，对于防止政

府侵蚀个人权利以及维护政治自由都至关重要。"①在我国，国家权力大体上可以分为由人大直接行使的权力以及授予其他国家机关行使的权力两种。②而人大通过宪法将审判权授予了法院，包括人大在内的其他国家机关也就不能违反已经做出的国家机关权限划分，自行行使对某一案件的审判权或对法院依法行使的审判权进行具体的干预。

需要特别思考的是，《宪法》第 131 条所规定的"人民法院"是指整个国家的法院系统，还是作为特定的国家机关的任意一家法院呢？笔者认为，必须结合"审判权"本身的内涵来加以理解。审判权是"受法律规则和法律原则的制约而不是任意的、无常的突发奇想，是以案件的事实和适用的法律为基础对正确与错误、合法与非法、真实与虚假等进行辨别和选择，在此基础上，做出与案情相适应的公正决定，这种决定的效力来自法律而不是法官个人的意愿。"而且，"无论在何种文化中，中立是人们对裁判者的最基本要求"，③由此来理解宪法 131 条规定的依法独立，就不能把观察的视角局限在法院系统外部，也不只是集体依法独立。新中国成立以来的实践也反复证明，对审判的干扰既可能来自法院系统的外部，也可能来自内部，而且大部分外部干涉如果没有内部的回应和转化往往并不能实现。审判权的居中裁判属性要求具体的法院和法官不受干扰地独立地行使审判权，必须把法律作为最高的权威，而"为使法官绝对服从法律，法律将法官从所有国家权力影响中解脱出来。"④从这意义上，依法独立行使审判权在强调法院的整体外部独立的同时，也应当具有内部的指向性，在处理某一具体案件时，由依法享有管辖权的某一特定的人民法院依法独立行使审判权，上级法院也只能通过监督下级法院的审判工作来保证法院独立审判权的正确行使，而不能在法定程序和权限之外干预下级法院的审判工作，更不能直接领导下级法院进行审判。

2. 与《宪法》中其他国家机关上下级关系的比较

在我国国家机关中，除国家主席和中央军事委员会在地方没有下级机关外，全国人民代表大会、国务院、最高人民法院、最高人民检察院均在地方上存在不同层级的对应的国家机关，即地方各级人民代表大会、地方各级人民政府、地方各级人民法院和地方各级人民检察院，从而形成相应系统内的

---

① 左卫民、周长军：《法院制度的现代性构架》，载陈光中主编：《依法治国　司法公正——诉讼法理论与实践》（一九九九年卷），上海社会科学院出版社 2000 年版，第 907 页。

② 参见许崇德：《中国宪法》（修订版），中国人民大学出版社 1996 年版，第 139 页。

③ 刘瑞华：《司法权的基本特征》，《现代法学》2003 年第 3 期。

④ ［德］拉德布鲁赫：《法学导论》，米健等译，中国大百科全书出版社 1997 年版，第 100 页。

上下级机关关系。对比宪法中这些不同机关的上下级关系,对于理解和确定上下级法院关系的设置具有重要的参考意义。

(1) 检察机关。现行《宪法》第 137 条规定:"最高人民检察院是最高检察机关。最高人民检察院领导地方各级人民检察院和专门人民检察院的工作,上级人民检察院领导下级人民检察院的工作。"《宪法》的这一规定并没有像第 132 条关于上下级法院关系的规定一样,区分检察工作与非检察工作,也就是说,依照宪法的规定,上级人民检察院全面领导下级人民检察院工作。这一制度设定在理论上被称为"检察一体"。"检察一体又称检察一体主义,有两层基本含义:对外是指检察独立,即检察机关依法独立行使检察权,不受法定机关、事项及程序以外的干涉;对内是指检察上命下从,同时包括横向之间的协调与配合,整个检察系统形成为一个有机整体统一行使检察权。"①我国的"检察一体"与其他国家检察权隶属于行政机关具有相似的价值考量,是检察机关加强协调,集中更加强大的力量来履行追诉犯罪和法律监督职能的客观需要。检察院和法院虽同属我国司法机关,但上下级机关之间的关系有着明显区别,原因主要在于二者的职能性质和侧重点有较大不同。检察院更加注重监督的有效性和代表国家追诉犯罪的高效性,而法院则因为担负着居中裁判职能,更加强调裁决的审慎性和独立性。而且,检察机关无论在实施法律监督还是在提起公诉追诉犯罪中,所作出的行为绝大部分都不具有终局性,其行为有待法院的审查和裁判;而法院则明显不同,在法治社会中,法院的裁判具有终局性,除非法院系统内部依照法定程序作出新的决定,任何国家机关、社会组织和个人均无权改变或拒绝执行生效裁判,从而构成了社会公平正义的最后一道防线。为此,宪法对行使裁判权的法院设置了相对独立的上下级关系,上级法院仅能监督下级法院的审判工作,而对行使检察权的检察机关,则设置了"检察一体"的上下级关系,由上级检察机关全面领导下级检察机关的工作。

(2) 政府。关于上下级政府间的关系,现行《宪法》第 110 条第 2 款规定:"地方各级人民政府对上一级国家行政机关负责并报告工作。全国地方各级人民政府都是国务院统一领导下的国家行政机关,都服从国务院"。我国是单一制国家,不存在中央和地方的严格分权,并集中体现在行政机关的上下级架构上。同时,政府作为权力机关的执行机关和社会事务的行政管理部门,需要权威、高效组织体制。②为此,宪法虽然对不同层级政府的职权

① 陈文星:《检察一体化制度设计中的两个难题》,《中国司法》2008 年第 11 期。

② 参见蔡定剑:《宪法精解》,法律出版社 2006 年版,第 420 页。

进行了规定,中央政府和地方各级政府之间存在一定的职权分工,但上下级政府之间的关系的核心仍然是上级人民政府全面领导下级人民政府的工作,地方政府要向上一级国家行政机关负责,并特别强调各级政府都要服从中央政府,即国务院。与上下级法院关系的设定相比,为保证政令畅通和管理的有效性,政府的上下级关系被设定为最典型的领导与被领导的关系,并且特别强调上下级之间的命令与服从,这同样是由政府作为行政机关履行行政管理权的职权性质所决定的。

(3)人民代表大会。关于不同层级的人民代表大会及其常委会的相互关系,根据《宪法》第67条、第104条规定:全国人大常委会和县级以上的地方各级人大常委会有权撤销下一级人大的不适当的法规、决议。结合相关法律的规定,可以看出,除了全国、省、自治区、直辖市、设区的市、自治州的人大代表由下一级人大选举产生,上级人大常委会有权撤销下一级人大不适当的立法或决议以外,不同层级的人大及其常委会之间也是相对独立的。这是因为在我国政治体制下,全国人民代表大会是国家最高权力机关,代表全国人民行使国家权力;地方各级人民代表大会是地方国家权力机关,代表相应地方的人民行使相应的国家权力。也就是说,不同层级的人大是代表相应区域的人民行使国家权力的机构,特别是地方各级人大,依照法律规定的权限,通过和发布决议,审查和决定地方的经济建设、文化建设和公共事业建设的计划,相互之间并没有直接的隶属或管理关系。当然,县级以上地方各级人大及其常委会有"保证宪法、法律、行政法规和上级人民代表大会及其常务委员会决议的遵守和执行"的义务,需要对下一级人大的履职行为给予一定的监督,但这种保证和监督不是通过行政命令的方式,而是通过立法、监督等方式来实现的。①因此,与上下级法院关系相比,上下级人大及其常委会之间相互独立履职,并不存在直接的业务关系,更不是领导与被领导的关系,而是代表的选举和法律上的监督关系。

(二)监督的内容:准确理解和适用法律

关于我国上下级法院关系的法律规定,有原则性的规定——"上级人民法院监督下级人民法院的审判工作",也有具体的规范——以审级独立为基础并通过上诉、再审等程序对下级法院进行监督。监督的对象是下级法院的审判工作,但总的来看,这种监督关系的内容是什么,长期以来并不明确。②

---

① 参见武春:《浅析人大常委会和"一府两院"及上下级人大常委会间的法律关系》,《江淮法治》2010年第5期。

② 参见刘玉华等:《上下级法院监督指导关系的再认识》,《人民法院报》2013年12月4日。

回答这个问题的关键在于对“审判工作”本身的理解。审判工作与审判权的行使密切相关,而审判权“区别于立法权、行政权的主要根据是享有司法权的机构、组织、个人,针对申请者向其提交的诉讼案件,按照事先颁行的法律规则和原则,作出一项具有法律约束力的裁判结论。”①从权力运行的过程来看,审判以判断为核心,是“针对真与假、是与非、曲与直等问题,根据特定的证据(事实)与既定的规则(法律),通过一定的程序进行认识。”②也就是说,法官在行使审判权的过程中,需要进行两个必不可少,也是最关键的步骤,即认定案件事实,以及将法律适用于已认定的事实,并依法作出裁判。需要注意的是,审判过程中法官认定的事实并非客观事实,而是法官依照证据规则等法律规范,针对当事人的主张和举证适用法律并作出是否采信的判断,进而形成的法律事实。因此,事实认定同样是法官适用法律的结果。可以说,行使审判权的核心就是适用法律进行裁判。当然,这一过程并不是机械地“套用”法律,由于法律本身的原则性和概括性,以及发生于社会生活中的案件争议的极端多样性,法官在适用法律之前,必须根据法律的精神、社会的客观需求以及自己内心的良知,对法律进行适用性的具体解释,也就是正确地理解法律。

对于法律解释的规则,德国著名法学家拉伦茨的表述是:“法律解释的最终目标只能是,探求法律在今日法秩序中的标准意义(其今日的规范性意义)”,而并不是去另外设立一套规则。对于法官在审判过程中对法律理解的限制,美国大法官卡多佐也曾指出:法官“不是一位随意漫游、追逐自己的美善理想的游侠。他应当受到制度的纪律约束,并服从社会生活中对秩序的基本需要”。这也正是法律设置不同审级、要求上级法院监督下级法院的重要原因所在。也就是说,上级法院监督下级法院审判权的运行,就是监督下级法院和法官权威性地理解和适用法律,对案件争议作出裁判。

从权力运行的目标来看,我国的审判权运行有以下几个方面的功能目标:一是服务保障大局,为人民民主专政以及党和国家的中心工作提供司法保障;二是确保法律规则的遵守和执行,对案件争议作出司法上的评判,对违反法律规则的行为直接或间接予以追究;三是解决争议,保证社会矛盾纠纷在法律范围内得到解决,维护社会秩序;四是完善社会行为规则,对法律没有明确规范的争议作出公正的裁判,从而确定新的规则并引导公众

① 陈瑞华:《司法权的性质——以刑事司法为范例的分析》,载徐剑、何渊编:《中国法学最高影响论文评价》,上海交通大学出版社2009年版,第77—78页。

② 孙笑侠:《司法权的本质是判断权——司法权与行政权的十大区别》,《法学》1998年第8期。

行为。①虽然也存在服务政治、保护公民权利、为社会冲突提供规则等相对复杂的功能要求,但最终还是通过法院和法官权威性地适用法律,依法公正地处理每一起案件来加以实现。上级法院监督下级法院在审判工作中履行好职能,发挥应有的司法功能,也就是要监督下级法院正确地理解和适用法律。

还需要说明的是,为什么监督下级法院准确理解和适用的只能是法律,而不是包括行政法规、地方性法规等其他规范?直接的原因是《宪法》第131条所规定的"人民法院依照法律规定独立行使审判权",其中的"法律"应当作狭义的理解,即全国人民代表大会及其常委会制定的法律,以及与法律具有同等地位和效力的规范,如人大常委会的立法解释。②这是因为全国人大及其常委会是国家最高权力机关,我国又是一个单一制的国家,法律是除宪法之外具有最高效力的规则,人民法院在审判过程中必须把法律作为最终和最高的依据,而非其他规范,否则,法院在案件裁判中就可能面临不同层级,但又相互冲突的法律规范都需要加以适用的问题,这不仅会导致司法裁判的无所适从,更会对整个法律体系的稳定和有效造成严重伤害。

（三）监督的方式:法定主体依照法定程序的有限监督

上级法院对下级法院审判工作的监督,应当是法定主体依照法定程序所进行的有限监督,而非任意和全面的无限监督。

第一,上级法院对下级法院的监督方式以法律授权为限。对于权力来说,"法无授权即禁止"是一项被普遍接受的法治原则。这是因为,权力具有天然的扩张性和侵略性,"有权力的人们使用权力一直到遇有界限的地方才停止",③为了限制国家权力、保障公民权利,必须用法律来加以规范和限制,这一原则在司法权的运行中同样适用。同时,我国的权力架构是在人民代表大会制度下的科学分工,不同国家机关所享有的权力均有其特定的边界,不能逾越法定界限,干预其他国家机关权力的正常行使。在上级法院监督下级法院审判工作中,上级法院行使的是审判权和监督权,必须在宪法和法律的授权范围内进行,防止对当事人的合法权益以及下级法院的审判权造成不当侵害。

第二,上级法院对下级法院的监督应严格遵守法定程序。"由自然正义原则演化而来的正当法律程序原则,对世界各国都产生了并且正在产生着

---

① 参见卢上需、王佳:《论我国司法权的政治属性和基本功能》,《法学评论》2013年第2期。

② 参见刘松山:《人民法院的审判依据》,《政法论坛》2006年第4期。

③ [法]孟德斯鸠:《论法的精神》,张雁深译,商务印书馆1987年版,第154页。

广泛而深远的影响。”①司法权的行使具有严格的程序要求,公正的诉讼程序既是实体正义的重要保障,也是司法公信、司法权威等程序价值的重要载体。在上级法院监督下级法院审判工作的过程中,无论是上诉案件的审级监督,还是延长审限等诉讼流程中的审批监督,都必须严格遵循诉讼法等相关法律的程序性要求。

第三,上级法院对下级法院的监督应保持适度谦抑。司法权与其他国家权力相比,具有非常明显的被动性和消极性。“从性质上来说,司法权自身不是主动的。如果它主动出面以法律的检查者自居,那他就有越权之嫌。”②以上级法院监督下级法院审判工作中最典型的审级监督为例,按照司法消极性原则,审级监督依申请而启动,第一审程序、第二审程序的开始,得基于当事人的起诉、上诉或检察机关的抗诉行为,上级法院启动再审也主要由当事人申请再审或检察机关提起抗诉的行为引发。③即使二审或再审程序已经启动,如果案件的当事人或公诉人提出撤诉,上级法院一般也应当依法终止审级监督程序。

二、非审判工作关系:服务审判但限于审级独立

如前所述,我国上下级法院关系中,除了一般意义上的审判工作关系外,还存在复杂的非审判工作关系,包括审判指导、审判管理等审判事务关系以及传统意义上的人事政务关系。事实上,我国《宪法》、《人民法院组织法》以及相关的诉讼法,均未对上下级法院间的非审判工作关系予以明确的界定,仅在一些党的文件、最高人民法院的规范性文件中有所涉及。

关于审判指导,最高人民法院《关于规范上下级人民法院审判业务关系的若干意见》明确,最高人民法院可以通过审理案件、制定司法解释或者规范性文件、发布指导性案例、召开审判业务会议、组织法官培训等形式,实施审判指导。高级人民法院和中级人民法院可以通过审理案件、制定审判业务文件、总结审判经验等方式对辖区内下级法院审判工作进行指导。

关于审判管理,最高人民法院 2011 年发布的《关于加强人民法院审判管理工作的若干意见》,要求“上级法院深入分析辖区内审判工作整体态势,推动审判工作协调发展”。而后,2014 年,最高人民法院又发布《关于新时期进一步加强人民法院审判管理工作的若干意见》,要求“各级人民法院的审

---

① 刘东亮:《什么是正当法律程序》,《中国法学》2010 年第 4 期。

② [法]托克维尔:《论美国的民主》(上卷),董果良译,商务印书馆 1991 年版,第 110—111 页。

③ 依照我国诉讼法的规定,上级法院发现下级法院生效的判决裁定确有错误的,有权主动提起再审。

判管理职能原则上应当归口管理、上下一致。上级人民法院可以根据本辖区的审判管理和审判执行工作实际情况,组织开展专项审判管理活动。各高级人民法院结合本地实际,构建相应考评指标体系。"

关于司法政务管理,1980 年,经中共中央、国务院批准,法院的司法行政工作事项由人民法院自己管理。1983 年,全国人大常委会修订《人民法院组织法》,删除了 1979 年《人民法院组织法》中有关"法院司法行政工作由司法行政机关管理"的规定,但并没有就人民法院如何管理自身的司法行政工作作出新的规定。[①]其后,中共中央组织部在 1983 年第 15 号文件中规定:"对于干部管理上实行双重领导、以地方为主的单位,法院、检察院、公安厅(局)的干部,也按这一办法管理"。1984 年,最高人民法院党组发布《关于各级人民法院党组协助党委管理法院干部的办法》,确立了"地方党委为主,双重管理"的人事管理制度,并在实践中,上级法院通过加强人事"考察"和"协管"力度,逐步扩大了在下级法院人事管理中的影响。

以上是对部分涉及上下级法院非审判工作关系的规范性文件的整理和罗列,从上述规定可以看出,上下级法院的非审判工作关系内容纷繁复杂,而在已有的规范中的界定中,既有明确的领导与被领导的关系,也有类似于审判工作的监督和指导关系,还有在一定范围内"自由移动"的"协管"关系,缺乏统一、系统、明确的制度设定和运行规则。然而,这并不意味着我国上下级法院的非审判工作关系毫无规律可循,事实上,根据已有的宪法、法律以及其他规范性文件的规定,我们仍然可以看出,无论这些关系有多么复杂,在制度设定上,都应当符合以下两个基本原则:

第一,服务各级人民法院公正高效审判。法院作为国家的审判机构,其主要职责就是通过行使宪法和法律赋予的审判权来解决纠纷、维护社会公平正义。而包括审判指导、审判管理和司法政务管理在内的法院非审判工作,则是从法院为实现公正、廉洁、为民的司法价值目标,以及法院自身科学发展的需要而派生出来的,是基于确保审判活动顺畅运行而产生的衍生性、辅助性活动,开展非审判工作不是目的,目的在于发挥服务支持法院审判的功能。法院非审判工作的这种功能性也决定了,在上下级法院间非审判工作关系的制度定位中,无论是组织、指导、协调还是监督、支持和保障,都必须围绕审判这个中心工作来展开,必须将服务与支持下级法院审判工作、提升审判质量效率、促进审判功能的有效发挥放在首要地位。

第二,不得超越审级独立的权力界分。延续上述非审判工作关系的辅

---

① 参见董治良:《对规范上下级法院关系的几点思考》,《中国审判》2011 年第 3 期。

助性和功能性的逻辑，我们自然可以得出下一个结论，即上下级法院间的非审判工作关系不能对下级法院的审判权的正常运行造成负面影响，特别是对下级法院独立行使审判权造成侵害。为此，上下级法院的非审判工作关系的制度架构和实际运行过程中，都必须充分考虑审判活动的特性和规律，严格界分审判工作关系和非审判工作关系。最高人民法院发布的《关于全面深化人民法院改革的意见——人民法院第四个五年改革纲要（2014—2018）》也明确提出：要“科学设置人民法院的司法行政事务管理机构，规范和统一管理职责，探索实行法院司法行政事务管理权和审判权的相对分离。”“独立审判原则是保证法官依法行使职权，实现公正价值的基础。”①审级独立是独立审判中的重要组成部分，上下级法院在加强和改进司法政务管理等非审判工作关系中，必须对此予以充分的尊重，防止权力的逾越。

总之，上下级法院之间的非审判工作关系内容丰富、形式多样，而相关规则又非常分散。但从已有的宪法、法律原则和规范性文件中可以看出，非审判工作关系目标定位于服务审判，运行在下级法院依法独立行使审判权的范围之内。当前，中央已经关注到上下级法院非审判工作关系的改革需求，最高人民法院也已起草相关文件，②我们期待这样的规范能早日出台，并得到有效落实。

---

① 沈志先主编：《法院管理》，法律出版社 2013 年版，第 10 页。

② 参见何帆：《论上下级法院的职权配置——以四级法院职能定位为视角》，《法律适用》2012 年第 8 期。

第三章　我国上下级法院关系的实践状况

如前所述，我国上下级法院关系的基本设定为：在审判工作关系方面，上级法院依照法定程序监督下级法院正确适用法律；在非审判工作关系方面，上级法院通过对下级法院施加影响，服务、保障、支持下级法院正确适用法律，但司法实践中，上下级法院之间的联系与互动给人留下了另一种的景象，即上级法院领导下级法院，下级法院也在客观上接受了上级法院的领导，造成我国当前上下级法院关系在“应然”和“实然”层面存在较大差异。然而，这样的差异只是一个模糊和粗浅的印象，尚不足以支撑进一步的问题分析和路径探索。全面、深入地阐释当前我国上下级法院关系的现状，是解决我国上下级法院关系宪法设定与实际运行之间差距的重要基础。为此，本书在聚焦最高人民法院与地方各级人民法院之间的审判工作、审判指导、审判管理和司法政务管理等方面互动的同时，选取部分地区上下级法院关系为考察样本，并兼顾省、自治区与直辖市的区别，兼顾东部地区与中西部地区的区别，梳理当前我国上下级法院关系的实践状况。

第一节　审判工作关系的实践状况

上下级法院间审判工作关系是上下级法院关系的核心所在。从概念上说，上下级法院审判工作关系是指“因上诉、再审、死刑复核、减轻处罚核准等与审级结构相关的审判制度，是根据法律程序所设置的审判监督关系，是一种常态化、程序化和制度化的上下级法院审判工作所形成的业务关系”。①上下级法院间审判工作关系对应着司法系统的审级制度，上级法院主要通过法律设定的上诉和审判监督程序来实现对下级法院审判工作的监督。

① 杜豫苏：《上下级法院审判业务关系研究》，北京大学出版社 2015 年版，第 23 页。

一、案件汇报请示问题

新中国建立以来,案件汇报请示制度在我国法院系统内长期存在,最高人民法院也出台了一些文件加以规范。随着我国法治建设的推进,理论界和实务界对案件汇报请示关注较多,不少观点都认为应当彻底废除案件汇报请示制度。可以说,案件汇报请示制度是我国上下级法院间审判工作关系中最受关注的问题,也是我们探究相关问题的重要突破口。

(一)案件汇报请示的历史及现状

1. 案件汇报请示的历史沿革

对于饱受争议的案件汇报请示制度,实践中却依旧以各种形式广泛存在。正如苏力所言:"立法上对于案件请示制度并无明文规定,但这一制度在实践中由来已久,并已固化为法院的一种办案方式和审判惯例",①并且在事实上被法官所接受。一项调查结果显示,65%的基层人民法院法官和83%的中级人民法院法官认为基于司法的传统习惯与司法现实的客观需要,案件汇报请示可有限度地保留,进行诉讼化改造,使之规范运作或寻找符合诉讼规律的替代方式;14%的基层人民法院法官和4%的中级人民法院法官认为案件汇报请示制度作用重大,应保留原有运行模式;只有21%的基层人民法院法官和13%的中级人民法院法官认为应予废止。②在法官撰写的一些文章中也可以看出,他们对案件汇报请示制度持实用主义态度:"虽然案件汇报请示制度有种种弊端,但其长期存在的现实表明,在其消极结果背后,一定存在某些功能造就了其存在的现实合理性。"在笔者对上海市三级人民法院50余名一线法官的访谈中,也感受到了法官对案件汇报请示制度存在较高程度的认同,并指出该制度在处理一些疑难复杂案件中的积极作用。

2005年最高人民法院发布的《第二个五年改革纲要》明确提出:要改革向上级法院请示的做法,对于特定类型的案件,下级法院可以报请上级法院审理,上级法院经审查同意后可以直接审理。2010年,最高人民法院又颁布了《关于规范上下级法院审判业务关系的若干意见》,其中,第3条至第5条规定:有管辖权的法院在受理第一审案件之后,对于重大、疑难的案件、新类型案件等,可以书面报请移送至上一级法院进行审理,上级法院也可自行决定提审。③然而,即使最高人民法院《关于规范上下级人民法院审判业务关系的若干意见》出台多年,其对案件汇报请示实行诉讼化改造的思路并未真正

---

① 苏力:《送法下乡——中国基层司法制度研究》,中国政法大学出版社2000年版,第74页。

② 参见杜豫苏:《上下级法院审判业务关系研究》,北京大学出版社2015年版,第93页。

③ 参见《关于规范上下级法院审判业务关系的若干意见》,《人民法院报》2011年1月29日。

得到落实。一些地方法院也出台了一些规范性文件，对案件汇报请示进行规范，并逐步取消个案内部请示，但实际效果也较为有限。①

2. 案件汇报请示的基本状况

关于案件汇报请示的类型，虽然已有的规范要求下级法院仅可以就法律适用难题向上级法院请示，但在实践中，下级法院遇到案情较为复杂的案件时，事实问题与法律问题往往会相互交织在一起，而事实认定大多会对法律适用产生决定性影响，只要下级法院感觉"把握不准"，就会试图通过请示得到上级法院的处理意见。此外，在向上级法院请示的案件中，部分案件并不是在事实认定或法律适用上存在困难，而是由于案件本身的社会影响大，或者受到地方党政机关过度干预，希望通过请示得到上级法院在应对裁判风险或抵御外部干预方面的态度和资源支持。

关于案件汇报请示的程序，除要求下级法院逐级向上级法院请示外，具体的请示程序在各地并没有统一规定。较为规范的惯例是"由合议庭评议后提交到审判长联席会议讨论，再经过该院的审委会研究决定。上级法院对请示的答复程序也不同，有的由对口的二审案件审理部门办理，有的则由研究室承办"。②但是，从整体上看，以下几个方面的特征几乎在不同地区和不同层级法院中均普遍存在：一是对请示案件的答复缺少程序性制约。从可以查询到的相关规范来看，上级法院对下级法院答复的时限和形式较少有制度规范，存在一定的随意性；二是案件汇报请示程序在整个诉讼程序中具有一定的"隐形性"，无论是请示的启动，还是请示的内容，都没有当事人、律师的参与和制约，当事人被排除在案件汇报请示程序之外；三是上级法院无论是给出正式答复，还是非正式的口头意见，下级法院在绝大部分情况下均会予以采纳，并作出相应裁判。

关于案件汇报请示的形式，目前审判实践中请示的形式除了最高人民法院规定的书面形式外，大量的是非书面形式，亦即口头请示。陕西省西安市的法院中，63.1%的基层法院法官和56.7%的中级人民法院法官选择口头形式。究其原因，一方面，是因为口头请示等非正式形式方便快捷，没有时限压力，便于跟上级法院对应审判部门的领导和法官进行沟通交流；另一方

---

① 如陕西省高级人民法院《贯彻落实二五改革纲要实施意见》中明确："改革完善下级人民法院就法律适用疑难问题向上级人民法院请示的制度，逐步取消个案请示。"江苏省扬州市中院早在2004年就对这一制度进行改革，规定"原则上取消个案内部请示。"但实际执行的效果均不理想。参见沙永梅：《案件请示制度之废除及其功能替代——以中级人民法院的运作为出发点》，《河北法学》2008年第7期。

② 杜豫苏：《上下级法院审判业务关系研究》，北京大学出版社2015年版，第90页。

面，由于案件汇报请示制度在学界受到较多的负面评价，非正式请示形式有助于减少上级法院法官的顾虑和担心。

（二）案件汇报请示的现实动因

本书将从下级法院和法官的角度出发，探究案件汇报请示制度在司法实践中长期存在的动因。

第一，寻求上级法院的资源支持。我国是单一制国家，无论是从权威角度，还是从所掌握的资源来看，都存在“向上集中”的趋势。具体到上下级法院之间，相对于下级法院，由于人才向（大）城市集中以及法院系统内部遴选机制，上级法院的法官在总体上具有更高的专业素养和更多的解决问题的渠道、经验，下级法院和法官在处理“难办”案件的过程中，往往会试图向上级法院寻求支持，帮助其准确认定事实、正确适用法律，甚至为抵御外部干预找到有力的支撑。

第二，避免案件改判发回风险。一方面，在我国现行审判质量评估指标体系中，案件改判发回率是一项非常重要的指标，在某些法院甚至与办案法官的绩效考评和福利待遇相挂钩。下级法院法官在审理“没有把握”的案件中，一般会积极向上级法院请示，以降低案件上诉后被改判发回的可能。①另一方面，我国法院系统长期存在“错案追究”制度，当前新一轮司法改革也强调案件审判质量要由承办法官“终身负责”。虽然大多数法院并不直接将被上级法院改判发回的案件定为错案，但一旦案件被改判或发回重审，该案件被认定为“错案”的风险与可能就会大幅增加。下级法院法官为避免此类风险的增加，也会积极争取上级法院，特别是对应业务庭的明确指示，来提前“锁定”案件上诉结果。

第三，案件汇报请示的诉讼化改造缺乏充分的制度空间。一方面，法律和相关规范性文件虽然规定了某些重大复杂案件可以报请上级法院审理，但这些诸如重大疑难以及新类型均属主观性非常强的条件，相对较为模糊，缺乏真正的可操作性；另一方面，报请提级管辖缺少配套的操作规定，即使下级法院有意向上级法院报请，上级法院也往往拒绝接受。因为“上级法院没有将重大复杂、疑难、新类型案件及具有普遍法律适用意义的案件变为自己提审的一审案件的主观动因，尤其是在当前社会矛盾尖锐、案件压力增大的形势下更是如此。”②

---

① 参见章武生：《我国民事案件开庭审理程序与方式之检讨与重塑》，《中国法学》2015 年第 2 期。

② 杜豫苏：《上下级法院审判业务关系研究》，北京大学出版社 2015 年版，第 95 页。

第四,上级法院有“管控”下级法院裁判的压力。由于长期以来我国行政化的国家机关架构传统,以及法院对“实体正义”和“客观真实”的意识形态追求,我国司法的解决纠纷功能附随着强烈的实质主义倾向。这决定了我国法院系统中,上级法院不仅要对自身的履职行为负责,还必须对下级法院案件裁判在法律适用或社会效果上的瑕疵承担“连带责任”。上级法院为了防范这一风险,必然会加大对下级法院案件审判的“管控”力度,通过鼓励下级法院对疑难复杂案件进行请示,或在审案件“提前干预”的方式,确保下级法院的裁判符合上级法院的期待和要求。

事实上,案件汇报请示是下级法院对自身享有的审判权的不当放弃。无论是最高人民法院,还是地方各级人民法院,均属于国家的审判机关,都依法享有独立的审判权。一旦案件依法进入审判程序之后,在相应审级程序中审理该案件的法院就享有了对案件作出裁判的权力,同时也必须承担起依法独立公正地作出裁判的义务,不得因“拿不准”或其他原因而拒绝裁判。然而,在案件汇报请示中,下级法院依法享有对该案件的审判权,却完全按照上级法院的意见作出裁判,这实际上“是下级法院把自己的裁判权拱手相让,上级法院以指导下级法院审判工作的美名笑纳下级法院的裁判权的制度”,①这既是下级法院对自身审判权的不当放弃,也是对其依法应当承担的义务的逃避。

二、发回重审和启动再审问题

发回重审是指上级法院在案件上诉审理中,认为案件原审审判存在事实认定、程序违法等瑕疵,将案件发回原审法院,由原审法院重新审理的制度。通过发回重审,上级法院对下级法院在一审裁判中未查清事实或程序瑕疵的行为进行监督。上级法院对下级法院审判监督的另一个重要方式则是再审。它是“一项以纠正错误裁判为目标的特别救济程序”。②提起再审的理由需认为生效裁判在认定事实、适用法律上确有错误。发回重审和提起再审是上级法院行使审判监督权的具体体现,也是审级制度设立的必然结果。③通过发回重审和提起再审,可以有效弥补程序的漏洞并纠正违法,能及时有效地防止错案的发生,对提高司法公正性、严肃性发挥了积极的推动作用。然而,我国当前诉讼实践中上级法院发回重审和提起再审制度的运行也存在一些不足,尤其是在“上下级法院间审判工作关系”的视野下审视,表

---

① 李昌林:《从制度上保证审判独立:以刑事裁判权的归属为视角》,法律出版社 2006 年版,第 226 页。

② 张军主编、胡云腾副主编:《刑事诉讼法适用解答》,人民法院出版社 2012 年版,第 345 页。

③ 参见王旭光、满洪杰:《民事诉讼发回重审制度之重构》,《法律适用》2006 年第 9 期。

现出权力滥用等方面的困难和问题。

（一）上级法院发回重审的问题

1. 发回重审的“随意性”

与前述案件请示不同，发回重审制度在我国“三大诉讼法”中均有明确规定。《民事诉讼法》第 170 条、《刑事诉讼法》第 225 条、第 227 条、《行政诉讼法》第 89 条都规定了各自诉讼程序中发回重审的情形。结合法律规定和司法实践，我们可以看出，上级法院在二审程序中作出发回重审裁定，具有很大的自由裁量空间，容易产生“恣意裁判”的风险。

首先，发回重审的法定标准不够明确。总体来看，发回重审限定于一审裁判（基本）事实不清或一审程序（严重）违反法定程序的情况。看似清楚明了，特别是近年来我国“三大诉讼法”均进行了较大幅度的修改，其中，民事诉讼和行政诉讼有关发回重审的适用标准均有所完善，进一步明确和限制了上级法院适用发回重审的范围。[①]然而，即使修改后的规定，上级法院仍存在较大的自由裁量空间。如《民事诉讼法》第 170 条以及《行政诉讼法》第 89 条规定的“原判决认定的基本事实不清”可以发回重审，但什么是“基本事实”，事实认定到何种程度才属于“清楚”，法律条文都没有给出明确的答案。在这种情况下，案件是否可以或应当发回重审，承办二审案件的上级法院法官具有相当大的裁量空间。

其次，在发回重审和径行改判之间可以自由选择。对于原审判决认定事实不清的，“三大诉讼法”均给予了二审法官在发回重审和自行查清事实后改判之间完全自由的选择权。在司法实践中，由于大部分进入二审程序的案件事实相对复杂，矛盾激化的可能也更大。二审法官只要认定原审判决事实不清，往往就会选择将案件发回重审而非自行改判，以此推卸责任、回避矛盾。

2. 因“事实不清”发回重审的理论冲突

案件“认定事实不清”作为发回重审标准之一是该制度被批评最多的问题之一。批评者认为，“第二审审理中如果没有把事实查清，又凭什么确认原判认定事实错误或认定事实不清？如果二审已经把事实查清，为什么又非要发回重审而不直接改判？”[②]这一批评虽然有对问题过于“简单化”的嫌疑，但绝非完全没有道理。

① 参见全国人大常委会法制工作委员会民法室编：《中华人民共和国民事诉讼法条文说明、立法理由及相关规定》，北京大学出版社 2012 年版，第 284 页。

② 蔡晖：《对认定事实存在问题的案件不应发回重审》，《人民司法》1998 年第 2 期。

将“原判决认定(基本)事实不清”作为发回重审是与证明责任理论及法院居中裁判的基本角色定位相悖。诉讼程序是法院在当事人和其他诉讼参与人的参与下,根据各方当事人的主张和举证,并充分听取各方意见的基础上,按照法定规则认定事实并作出裁判的过程。与传统的纠问式审判不同,现代诉讼理论主张法院主要依靠当事人的举证和证据规则来认定法律事实,并据以作出裁判。虽然在现行诉讼法中仍保留了法院依职权主动调取证据的规定,但这只是在涉及公共利益或他人合法权益等特殊情况下才被允许,只是法院居中裁判的一种有限的补充。在这一法律框架下,下级法院并没有全面查清案件事实的法律义务,而只是在举证责任分配和证据审查的基础上认定部分法律事实。理论上,下级法院作出一审裁判以后,其中所认定的事实已经清楚地记载于裁判文书之上,只有正确与否,并不存在单纯的认定事实不清的问题。而事实认定错误,二审法院应当在审判中依照法定规则予以准确认定,依法予以改判,并不需要发回重审。

当然,一审裁判可能出现(基本)事实部分未予认定的情况。对此,应当区分不同情况。如因一审法院在程序上存在明显瑕疵,未能给予当事人充分的举证机会等情况,二审法院应以“严重违反法定程序”为由发回重审,但“如果是因为无法查清而未予认定,根据证明责任原理,在民事诉讼中,待证事实真伪不明,应由对该事实负证明责任的当事人承担不利后果。”①上级法院在当事人二审程序中仍无法举证证明的,应当依据证据规则作出相应认定和裁判,而不是发回重审。②在刑事诉讼中,同样存在这一问题。从“疑罪从无”和“保障人权”的原则出发,在原审法院已经充分保障检察机关或公诉人举证权的情况下,作出的有罪判决仍“事实不清、证据不足”,也应当直接作出“无罪判决”,而不是给予控诉方再次证明其犯罪的机会。

从总体上看,我国诉讼法体系同意法院判决依据的是“法律事实”而非“客观事实”的观点,同时,在我国现行的发回重审标准中纳入“事实不清”,又体现出超强的法院职权主义,一切以法院“发现客观事实”、“正确处理案件”为出发点。③二者的矛盾由此产生,并体现于我国发回重审标准的理论冲突。在上下级法院审判工作关系中,下级法院依法适用“证据规则”,根据诉

---

①　占善刚、刘芳:《程序违法与发回重审——〈民事诉讼法〉第170条之检讨》,《江西财经大学学报》2014年第5期。

②　虽然《刑事诉讼法》第195条直接针对的是一审程序,但第231条同时规定:“第二审人民法院审判上诉或者抗诉案件的程序,除本章已有规定的以外,参照第一审程序的规定进行。”二审法院理应依此处理。

③　杨荣馨主编:《民事诉讼原理》,法律出版社2003年版,第446—447页。

讼当事人的举证来认定裁判所依据的法律事实,而上级法院则可能通过发回重审制度,要求下级法院查清"客观事实",让下级法院在依法行使审判权与接受上级法院审判工作监督之间无所适从,不符合上下级法院间审级独立以及上级法院监督下级法院正确适用法律的宪法要求。

3. 发回重审中的非程序性沟通

司法实践中,发回重审往往采用裁定书,并附带二审法院的内部重审函的形式。裁定书大多只简单罗列发回案件的事实及笼统的发回理由,但发给原审法院的内部重审函则会给原审法院提供更多信息,包括二审法院所认定的原审判决的具体问题所在。一项覆盖全国10个不同地区中级人民法院的调查显示:87.6%的发回重审案件中,上级法院向下级法院同时发送了"发回重审函",①笔者对上海法院系统的抽样调查显示的情况与此类似。

从内容上看,发回重审函主要是上级法院针对发回重审的案件,为下级法院指出哪些事实不清、证据不足,或者具体违反了什么法定程序,有的还详细阐明要调查哪些证据、查清哪些事实、如何适用法律,甚至具体如何裁判,等等。如在一起涉嫌故意杀人刑事案件中,河北省高级人民法院随着发回重审的裁定书,发出过三份"重审函"。其中一份甚至明确要求下级法院"要作出留有余地的判决",以弥补案件事实不清、证据不足的漏洞。②这种发回重审函虽然能够在一定程度上协助指导一审法院的案件审判,但难免会使下级法院法官的独立审判造成影响,甚至在重审程序之前就根据重审函形成了"内心确信",或者促使他们在重审程序中倾向、迎合上级法院的意见,偏离应有的中立和客观的角色要求,架空发回重审在审级监督中的功能。同时,发回重审函的内容并不会对当事人公开,当事人也无法针对上级法院提出意见和倾向发表针对性的观点,导致下级法院在重审程序中出现"突袭裁判"③的风险大大增加,导致当事人对案件裁判的接受度降低。可以说,发回重审函带有强烈的行政指示色彩,侵害了下级法院的审级独立,也在一定程度上剥夺了当事人在重审阶段的程序权利,应当逐步取消。

(二) 上级法院启动再审中的问题

我国"三大诉讼法"都规定,上级法院发现下级法院已生效裁判确有错

---

① 参见袁国生、张萍:《检视与重塑:发回重审制度改革的再探索——基于民商事案件的实证研究》,载万鄂湘主编:《建设公平正义社会与刑事法律适用问题研究》,人民法院出版社2012年版,第382页。

② 参见郭国松:《三次死刑三次刀下留人》,《南方周末》2000年8月10日。

③ 有关"突袭裁判"的表现及其影响,参见章武生:《我国民事案件开庭审理程序与方式之检讨与重塑》,《中国法学》2015年第2期。

误的,有权提审或者指令下级法院再审。此外,当事人认为下级法院生效裁判确有错误的,也可以在法定期限内向上一级法院申请再审。检察机关也可以向上级法院提起抗诉,启动再审。再审程序是落实《宪法》所规定的上级法院监督下级法院审判工作的重要途径,在确保司法公正、实现有错必纠中发挥重要作用。

1. 再审程序滥用

人类的理性和经验都证明,所有的诉讼程序都有可能发生差错,"即使法律被仔细的遵循,过程被公正恰当的引导,还是有可能达到错误的结果",①因此,需要纠正的机制,但是,这种纠正机制在制度设计上应当遵循一个共同的原则:以严格的条件确保其适用控制在"极端例外"的范围之内,作为"紧急出口"和"消防渠道"。然而,由于我国再审制度提起主体较多、提起理由多样,对于上级法院启动的再审程序更是缺乏时限和次数的限制,相关法律所规定的条件也是非常模糊的"确有错误",同时,我国再审制度要求,不管什么时候发现生效裁判的错误,都应当主动予以纠正,导致我国再审程序启动频繁,已经在很大程度上影响了我国"二审终审制"的审级制度。

2. 再审功能的不当利用

当前,我国法院的司法权威仍有待加强,同时,"法院层级越高,其公正性越强"的观念仍普遍存在。虽然除死刑等特殊情况外,二审裁判在法律上即为终审裁判,但基于类似的理由往往同样无法令所有人完全满意,不满终审裁判的当事人在"上诉"渠道被堵塞时,当事人自然会主动寻找另一个出口,即法律所规定的再审程序。即使申请再审请求被驳回,诉讼法仍然留下了"上级法院发现下级法院裁判确有错误"等启动再审的渠道。此时,当事人的诉求必然地以信访,甚至是"闹访"的形式表现出来。在面临这样的信访或维稳的压力时,由于"错案"标准不明确,这就为上级法院通过启动再审减轻压力而留下了"口子",也为有关机构或个人介入诉讼提供了可能,他们或者迫于涉法涉诉信访的压力,或者基于其他的考虑,通过对上级法院施加压力,使得上级法院"发现"下级法院生效裁判"确有错误",进而启动再审。②

总之,"程序的实质是管理和决定的非人情化,其一切布置都是为了限制恣意、专断和过度的裁量。"③上级法院在二审过程中过于"随意"的发回重审,在裁判生效后又过多地启动再审程序,甚至不适当地利用再审程序来

① [美]约翰·罗尔斯:《正义论》,何怀宏等译,中国社会科学出版社1998年版,第86页。

② 这样的情况在实践中时有发生,参见徐玲利、黄学昌:《基于实证考察的刑事再审制度之重构——以G省D市2009年至2013年刑事再审案件为样本》,《中国刑事法杂志》2014年第4期。

③ 季卫东:《法治秩序的构建》,中国政法大学出版社1999年版,第57页。

疏解信访等压力，对上下级法院间的审判工作关系产生了负面影响。第一，对下级法院依法享有的独立审判权产生侵害。下级法院经过一审程序，已经对案件作出了确定的判决，成为下级法院审判权运行的明确结果。然而，在上级法院不合理的发回重审或启动再审的裁定下，下级法院的既有裁判被推翻，并使得案件争议重新处于不确定的状态，影响下级法院裁判的权威性。第二，不能充分发挥监督下级法院正确适用法律的功能。由于标准的不确定性，上级法院法官可能出于逃避查清事实的责任、逃避矛盾尖锐所带来的风险、"方便结案"等诉求采取发回重审或启动再审的措施，①使得制度原本的监督法律适用的功能受到冲击，不少案件被发回重审或指令再审后，原审法院再次作出相同或相似判决的情形也说明了这一点。第三，不符合上级法院依法有限度地监督下级法院的要求。上下级法院间虽然存在审判工作的监督与被监督关系，但二者在依法裁判上的地位是平行的。发回重审和启动再审作为一种推翻下级法院判决的监督方式，理应要求上级法院更加谨慎，没有充分的理由不应作出决定，否则，对法院的司法权威本身也会造成伤害，但现有的制度规范对上级法院发回重审和启动再审的制约显然还达不到这一要求。

三、级别管辖和指定管辖问题

在上下级法院关系中，上级法院监督下级法院的审判工作，必然是以案件的级别管辖的确定为开端的。只有明确了每一个案件具体由哪一级法院进行管辖，或者通过特定程序公正合理地解决了级别管辖中的难题，才会有之后的一系列审判工作的发生，也才有相应上级法院的监督。换言之，如果案件的级别管辖问题无法得到妥善的处理，则会对上级法院监督下级法院审判工作，以及上下级法院之间的合理关系产生根本影响。

（一）级别管辖在上下级法院间的转移

管辖权转移是指依法享有管辖权的法院，为满足某些特殊需求，依法将案件管辖权转移至上级法院或下级法院的制度。总体来看，诉讼法中的级别管辖转移主要有三种情况：一是上级法院依下级法院报请上调；二是上级法院依职权上调；三是上级法院依职权下放。

第一种情形"上级法院依下级法院报请上调管辖权"在我国"三大诉讼法"中均有规定。这是因为，级别管辖需要通过管辖权转移进行合理的变通和调整，以克服级别管辖标准存在的疏漏。如下级法院在立案后发现案件

---

① 这种情况在实践中时有发生，下级法院法官对此也多有不满。参见杜豫苏：《上下级法院审判业务关系研究》，北京大学出版社2015年版，第76页。

的影响重大,该案就有必要进行级别管辖的调整,应当报请上级法院提级管辖。然而,实践中存在一种倾向,即上级法院为避免复杂案件可能带来的矛盾激化或信访问题,往往不愿意接受下级法院的报请提级管辖,这是逃避职责的表现,也会对上下级法院间正常的审级关系造成负面影响,应予避免。

第二种情形"上级法院依职权上调管辖权"同样在我国"三大诉讼法"中均有规定,是上级法院监督下级法院审判工作的一种法定途径,有助于纠正下级法院错误行使管辖权,或者提前介入防止下级法院作出错误裁判。然而,这一制度也存在较大的异化风险。首先,根据法律规定,上级法院可以自由地决定提级管辖由自己审理本应由下级法院管辖的案件,而无需关心下级法院的态度,其制度运行必然依赖于行政化的层级结构。"如果司法系统中法院与法院之间只有审级高低之分并且不同审级的法院均拥有高度的司法独立,则不可能发生上级法院提审下级法院审判的案件的现象。"①其次,上级法院可以"自由地"上调案件管辖权,隐含着上级法院具有优于下级法院的权威与正确性的假设,这与《宪法》上对所有的法院均属"国家的审判机关"、任何一级法院作出的生效裁判均具有平等的法律效力的定位并不相符。再次,上级法院可以在下级法院对案件作出处理前,取消下级法院对案件的初审管辖与审判权,"实际上就形成了一种上级法院领导与控制下级法院的非正常的司法权力格局,在这种权力格局下,下级法院的司法独立将很难得到保证。"②

第三种情形"上级法院依职权下放管辖权"仅在我国《民事诉讼法》中被规定。管辖权下放性转移的情况,主要是指上级人民法院对自己所受理的案件,经审查认为没有必要由自己审理,如案件比较简单,交下级人民法院审理,便于当事人参加诉讼活动,便于下级人民法院调查案件事实等。③为防止可能存在的地方保护主义倾向,2012年《民事诉讼法》修改对"下放性"管辖权转移予以限制,要求下放管辖权的法院报请其上级法院批准。然而,这一制度的弊端并没有彻底消除。一方面,某一案件按级别管辖的规定属上级法院管辖,意味着按法定标准下级法院并不享有管辖权,上级法院根据自己的意愿(当然要履行批准程序)即可要求下级法院承担相关职责,一定程度上是对下级法院审判权的行政化干预。另一方面,虽然"下放"前须经其上级法院批准,但在二审终审制下,其行为仍剥夺了当事人向其上级法院提起上诉,要求其上级法院监督该法院审判工作的权利。

---

①② 谢进杰:《提审制的机理、效应与未来》,《法学论坛》2014年第1期。

③ 参见王怀安主编:《中国民事诉讼法教程》(新编本),人民法院出版社1992年版,第80—82页。

（二）上级法院对下级法院的指定管辖

根据我国“三大诉讼法”的规定,上级法院有权在解决管辖权争议或其他情况下指定下级法院管辖某一具体案件。对下级法院对某一案件管辖权发生争议或管辖权不明时实施指定管辖,是对存在争议或不明确的管辖权依法作出的判断,其指定管辖的实质仍然是依照一般法律规定所确定的管辖。然而,上级法院在民事诉讼和行政诉讼中对于“有管辖权的人民法院由于特殊原因,不能行使管辖权”,以及在刑事诉讼中基于自身的判断,实施指定管辖的,则属于对原先依法有管辖权的下级法院的权力剥夺,同时将管辖该案的权力和义务施加于另外的下级法院。

对于后者“变更性”的指定管辖,司法实践中广泛的存在。如行政诉讼中的跨行政区域的“异地交叉管辖”,以及刑事诉讼中对涉嫌犯罪的地方高级干部的异地审判。①这种上级法院的指定管辖在实践中发挥了一定的监督下级法院审判工作的积极意义,但也存在着对合理的上下级法院关系产生负面影响的问题。

首先,启动指定管辖的标准不够明晰。除了因下级法院发生管辖权争议或案件管辖不明的情况,上级法院还可以在有管辖权法院不能行使管辖权以及刑事诉讼中直接指定管辖。“案件管辖是体现程序公正并直接影响实体公正及办案效率的重大程序问题,其决定必须有法律依据,并严格按照法律程序进行。”②然而,《民事诉讼法》和《行政诉讼法》上“有管辖权的人民法院由于特殊原因不能行使管辖权”的标准显然不够明晰,实践中,上级法院可以根据自己的需要对“特殊原因”作出相当宽泛的理解,并指定其他法院管辖。《刑事诉讼法》更是授予了上级法院通过指定管辖“剥夺”下级法院管辖权的充分自由。

其次,确定“被指定管辖”法院的随意性较大。下级法院对某一案件管辖权“被剥夺”后,应当通过指定交由哪家法院管辖,法律和司法解释均未作出规定。一般认为,被指定的法院应当是具备开展相关审判工作良好物质条件、较高审判能力以及能够产生良好法律效果和社会效果的法院,但在实践操作中,这些标准并不容易从客观方面加以把握,更多的是体现上级法院对哪家法院“更为信任”,从而将案件指定由其管辖。

在缺乏程序控制的情况下,上级法院难免更倾向于将案件交由愿意接

---

① 参见殷勇:《行政诉讼中的异地交叉管辖制度》,《人民司法》2006年第10期;葛治华:《司法反腐的中国模式:职务犯罪异地管辖研究》,《政治与法律》2009年第7期。

② 龙宗智:《刑事诉讼指定管辖制度之完善》,《法学研究》2012年第4期。

受上级法院意见、体现上级法院意图的法院来审理，被指定的法院也往往愿意遵从上级法院的指示要求，进一步赢得上级法院的这种“信任”。看似被指定的法院掌握了案件的管辖权，实际上，上级法院通过选择被指定法院等隐性方式，也在一定程度上“剥夺”了被指定法院的管辖权。在这种制度化的指定管辖之下，上下级法院在审级关系中的“命令与服从”的关系在具体案件审判中表现出来，并在反复运行中被不断强化。

第二节　审判指导关系的实践状况

审判指导是上级法院在诉讼法所规定的审级监督之外，对下级法院如何正确适用法律、妥善处理案件审判中的程序和实体问题进行的事前指导。上级法院对下级法院的审判指导权并未在宪法和法律中规定，而是从上级法院监督下级法院审判工作中派生出来的职权。《宪法》和《人民法院组织法》所规定的“监督审判工作”主要指的是诉讼法中规定的审级监督。这种监督，在一定程度上可以减少裁判标准不一和适用法律不准确的现象。然而，“单纯的刚性监督也有其内在的不足。上下级法院之间有必要在刚性的监督机制之外，再建立柔性的协调机制，以促成法律适用的和谐和法院司法的统一。”①审判指导就是其中最重要的方式之一。长期以来，上级法院的审判指导对下级法院促进法律适用统一、提高审判质效、保护当事人合法权益等方面发挥了重要作用。但是，包括最高人民法院在内的审判指导在实践中也存在一些突出问题，不符合我国宪法对上下级法院关系的理想设定。

一、最高人民法院司法解释的功能偏移

司法解释是中国特色社会主义司法制度的重要组成部分，制定司法解释是法律赋予最高人民法院的一项重要司法职权，也是监督、指导全国法院正确适用法律的重要方式。司法解释对于推动我国司法事业发展发挥着重要作用。“新中国成立以来，最高人民法院发布司法解释数千件，为人民法院准确适用法律、统一裁判标准、提高裁判水平提供坚实保障。”②最高人民法院先后出台《关于司法解释工作的规定》《司法解释工作绩效考核暂行办法》《关于司法解释审核工作实施细则》《关于进一步加强和规范司法解释工

---

①　胡曙光、杨以生：《关于构建上下级法院审判业务协调机制的若干思考》，《法律适用》2007年第3期。

②　最高人民法院司法改革领导小组办公室编：《〈最高人民法院关于全面深化人民法院改革的意见〉读本》，人民法院出版社2015年版，第127页。

作通知》和《关于严格执行司法解释工作规范切实加强司法解释工作的通知》等文件规范司法解释工作。但是,从目前司法解释制定相关工作来看也存在不少问题,对上下级法院关系以及各级法院审判权运行产生了影响。

（一）立法性解释问题

司法解释,既包括对法律的解释,也包括对某一类型案件如何适用法律的解释,还包括对某一类审判以外的问题如何处理的解释。从解释的方法上看,前者以某一法律条文为基础,是对法律条文本身所包含的“不确定法律概念”的解释,让全国各级法院法官在适用时都能够对条文作出准确、适当的理解,如对《刑法》中大量存在的“情节恶劣”的司法解释,而后者并不是直接针对某一法律条文,是对某一类案件或某一法律问题司法实践中应当如何处理的抽象性规定,构成“法律漏洞”的补充。此类抽象性规定根据其与法律本身的关联程度,又可以分为两种:一种是依据法律规范中的原则性规定延伸出来的裁判规则,但仍能为法律条文的整体解释所涵盖,而另一种则很难找到立法上的依据,是最高人民法院根据一定时期的审判经验总结以及经济社会发展需要,以司法解释形式作出的创造性规定。这种“创造性的解释”在性质上更接近于立法行为,而根据《立法法》的规定,我国立法权仅属于全国人民代表大会及其常委会,立法性司法解释在一定程度上“跨越了司法权力的边界,进入在本质上不属于其权力范围的领域,因而也侵犯了法治与民主的原则”。①

（二）以司法解释为形式制定其他规则

《最高人民法院关于司法解释工作的规定》第6条规定:“司法解释的形式分为‘解释’、‘规定’、‘批复’和‘决定’四种。……根据立法精神对审判工作中需要制定的规范、意见等司法解释,采用‘规定’的形式。”这种“规定”形式的司法解释,往往并不是对具体应用法律的解释,而是对法院内部的一些非审判工作的规定。如《关于人民法院在互联网公布裁判文书的规定》(法释[2013]26号)的目的在于规范各级法院在互联网上公布裁判文书的行为,但仍然属于司法解释,具有法律效力。而“批复”名义上虽然是针对特定的法律问题,但实质上均直接对下级法院正在审理的被请示的个案发挥作用。由于司法解释具有较高的权威性,且在审判实践中具有法律效力,从而使得最高人民法院获得了直接约束、命令下级法院的有效渠道。

二、最高人民法院规范性文件的强制性实施

本书所研究的最高人民法院规范性文件,是指由最高人民法院制定和

① 张千帆编:《宪法学导论》,法律出版社2004年版,第385—386页。

发布，用于指导全国各级人民法院和专门人民法院审判业务工作、规范案件审理、审判管理以及专项工作的规范性文件，主要包括最高人民法院发布的"通知"、"意见"、"会议纪要"等。由于法律本身的滞后性和受"宜粗不宜细"的立法政策影响，最高人民法院不得不发布一系列的司法解释和规范性文件来规范各地法院工作，通过"司法立法"的方式建立法院工作的依据。实践中，司法解释发挥着不亚于法律、法规的作用，成为案件裁判的重要依据，而最高人民法院各类规范性文件在实践中也往往具有类似的地位和功能。

（一）规范性文件的内容和形式

通过对最高人民法院网站的查询，笔者发现近 3 年来（2014 年 7 月至 2017 年 6 月），最高人民法院公开发布的规范性文件在内容和形式方面表现出如下特点：

（1）覆盖领域较广。规范性文件内容涉及刑事、民事、商事、行政、执行、人事政务等几乎全部法院工作领域。

（2）调整对象类型丰富。这些文件在调整对象方面主要分为三类：用于规范案件审判工作的、用于规范审判管理的、用于提出某项工作的政策性要求的。其中，第一类数量最多，对具体案件的裁判影响也最大。

表 3-1　最高人民法院规范性文件调整对象情况表

调整对象	文件数量（件）	示　　例
案件审判工作	38	《最高人民法院、最高人民检察院、公安部、民政部关于依法处理监护人侵害未成年人权益行为若干问题的意见》《最高人民法院关于实施量刑规范化工作的通知》
审判管理工作	15	《最高人民法院关于新时期进一步加强人民法院审判管理工作的若干意见》《最高人民法院关于建立健全防范刑事冤假错案工作机制的意见》
专项工作政策	34	《最高人民法院关于推进司法公开三大平台建设的若干意见》《最高人民法院关于新形势下进一步加强人民法院纪律作风建设的指导意见》

（3）形式体例多样。从体例上说，总体上有三大类型：第一种是意见类，即《关于……的意见》；第二种是通知类，包括"关于……的通知"以及《关于印发……（文件）的通知》，前者是直接将要求作为通知的内容，后者则是将具体规范作为通知的附件，通知本身是用于传递相关文件已印发的信息并对具体实施等方面提出要求；第三种是会议纪要类，传递最高人民法院组织

的某些重要会议中形成的案件裁判方面的意见和共识。

表 3-2　最高人民法院规范性文件形式体例情况表

形式体例	文件数量(件)	示　　例
意见类	48	《最高人民法院关于人民法院为"一带一路"建设提供司法服务和保障的若干意见》《最高人民法院、最高人民检察院、公安部、司法部关于依法办理家庭暴力犯罪案件的意见》
通知类	37	《最高人民法院关于调整高级人民法院和中级人民法院管辖第一审民商事案件标准的通知》《最高人民法院印发〈关于人民法院在审判执行活动中主动接受案件当事人监督的若干规定〉的通知》
会议纪要类	2	《全国法院毒品犯罪审判工作座谈会纪要》《全国法院民事再审审查工作座谈会纪要》

(4) 约束力度灵活。从对案件审判的约束力度来看,规范性文件相对灵活,可分为司法政策、类案规范和裁判规则。司法政策是结合宏观政策背景和社会司法需求,对审判的原则性问题提出意见,与具体法律条文相比更加抽象,且弹性较大;类案规范是解决某些类型案件中如何理解和适用法律、司法解释的规定,对类案裁判给出方向上的要求;裁判规则是对某些法律或司法解释条文的进一步说明,解决审判实践中的具体问题,对案件审判的约束较强。

表 3-3　最高人民法院规范性文件约束力度情况表

类　型	示　　例
司法政策	《最高人民法院关于依法平等保护非公有制经济促进非公有制经济健康发展的意见》第 2 条规定:人民法院要依法平等保护非公有制经济的合法权益,坚持各类市场主体的诉讼地位平等、法律适用平等、法律责任平等,为各种所有制经济提供平等司法保障。
类案规范	《最高人民法院关于全面加强环境资源审判工作为推进生态文明建设提供有力司法保障的意见》第 5 条规定:坚持保护优先,积极创新审判机制和执行措施,按照环境资源保护优先的要求,加大对污染环境和破坏资源行为的惩处力度。
裁判规则	《全国法院毒品犯罪审判工作座谈会纪要》规定:行为人为他人代购仅用于吸食的毒品,在交通、食宿等必要开销之外收取"介绍费""劳务费",或者以贩卖为目的收取部分毒品作为酬劳的,应视为从中牟利,属于变相加价贩卖毒品,以贩卖毒品罪定罪处罚。

（二）最高人民法院通过规范性文件进行审判指导的具体方式

最高人民法院规范性文件在我国司法实践中具有重要价值，通过规范性文件设定阶段性司法目标、解释法律上的不确定概念、弥补法律和司法解释的漏洞、指导法官进行价值判断和利益衡量，从而保障法官正确裁判案件、促进法律适用统一。然而，其价值的体现依赖于规范性文件得到有效实施，如果在具体的审判工作中不被遵守，或者在实施中被异化，必然无法发挥其应有功能。

1. 文件自身设定的实施逻辑

最高人民法院规范性文件大多是以通知的形式向各高级人民法院印发，并在通知中要求贯彻执行，或者直接在文件中要求全国各级人民法院贯彻实施。如最高人民法院《关于人民法院推行立案登记制改革的意见》中，明确提出："各级人民法院要认真贯彻本意见精神，切实加强领导，明确责任，周密部署，精心组织，确保立案登记制改革顺利进行"。最高人民法院等《关于印发〈关于依法办理家庭暴力犯罪案件的意见〉的通知》中明确要求各高级人民法院："为积极预防和有效惩治家庭暴力犯罪，……请认真贯彻执行。"

2. 文件实施的两项实证考察

（1）一个规范性文件的实施流程。《最高人民法院关于切实践行司法为民大力加强公正司法不断提高司法公信力的若干意见》（法发[2013]9号）（以下简称《若干意见》）是近年来最高人民法院发布的最系统、全面的政策类规范性文件，这里以该文件在基层P区人民法院的实施为样本，对此类文件的实施方式进行框架性考察。

最高人民法院于2013年10月28日发布《若干意见》之后，S市高级人民法院迅速行动，以《关于转发〈最高人民法院关于切实践行司法为民大力加强公正司法不断提高司法公信力的若干意见〉的通知》的形式，将文件转发辖区法院，并在通知中提出"各辖区法院要认真学习，切实落实有关要求"。2014年2月19日，S市高级人民法院发布了《关于切实践行司法为民大力加强公正司法不断提高司法公信力的实施意见》（以下简称《实施意见》），同时要求各辖区法院"遵照执行"。2014年2月26日，P区人民法院召开由全院中层以上干部参加的"党组中心组（扩大）会议"，传达《若干意见》及市高级人民法院《实施意见》内容，并就本院落实相关文件的具体举措进行分工部署。2014年3月，P区法院各业务庭及综合部门陆续召开部门会议，由部门负责人组织法官、书记员和其他工作人员学习相关文件、落实工作部署，并将学习落实情况向院党组报告。

（2）一项关于案件裁判中文件实施情况的法官访谈。就最高人民法院发布的规范性文件在案件审判中的实施问题，笔者与多位长期从事一线审判工作的资深法官进行了访谈，以下是具有代表性的意见：

法官 A：最高人民法院的规范性文件虽然是最高司法机关发布的，但在案件审判中能否真正得到执行，其实与法院院长、庭长关系密切。如关于“严惩医闹犯罪”，各承办人关于如何严惩的认识不一，但院长、庭长在会上指示此类案件原则上不得判缓刑，这效果就不一样了。

法官 B：对于普通案件，以法律规定或者司法解释即可解决，需要运用规范性文件的情况很少。对于疑难复杂案件，规范性文件依法也不能作为裁判依据，案件最终还是要依靠提交审委会讨论或向上级法院请示等方式解决。

法官 C：相对于最高人民法院的规范性文件，我更关注二审法院的倾向性意见和类案判决，这才是直接决定判决是否会被改判、考核指标是否受影响的关键因素。

通过上述访谈可以得出一个初步的结论，即个案中最高人民法院规范性文件的实施离不开高级人民法院、中级人民法院的转化以及法院内部的领导、审委会的支持和保障。

3. 当前最高人民法院规范性文件实施策略总结

最高人民法院作为全国最高审判机关，在法院系统内具有极高的权威性。“各级法院积极贯彻落实最高人民法院的规范性文件，并不是因为考察了其宪法地位之后而作出的一种合乎法治逻辑的选择，而是基于上下级关系自然产生的一种以‘指挥—服从’为模式的政治逻辑。”①实践中，最高人民法院也是利用行政化的管理、指导渠道，向各高级人民法院提出实施要求，并由高级人民法院向所辖中级人民法院、基层人民法院逐级传达和落实。在各法院内部，同样是通过“院长—庭长—法官”这样的行政层级，逐步推进并予以监督，最终在法院的日常工作和法官的个案审判中得到实施。同时，有限的实证研究还显示，一旦院、庭长以及上级法院的行政性力量缺失，规范性文件的实施就会受到严重影响。

长期以来，我国上下级法院之间表现出强烈的领导与被领导的行政化关系。在这一背景下，最高人民法院规范性文件的实施也采用了行政性的层层落实这一传统实施策略。然而，我国正在全面推进改革和依法治国建设，最高人民法院规范性文件的传统实施策略与司法改革和法治建设的目标存在一定冲突。首先，我国上下级法院关系中，宪法明确是“监督与被监

---

①　黄韬：《最高人民法院的司法文件：现状、问题与前景》，《法学论坛》2012 年第 4 期。

督”的关系,而非“命令—服从”的领导关系。最高人民法院通过行政化的渠道推动规范性文件的实施,与上下级法院关系的基本设定不符。其次,规范性文件在具体审判工作中得到落实,需要法院内部行政领导的监督和命令加以推进,增加了法院内部的行政化程度,与当前正在进行的审判权运行机制改革以及“让审理者裁判、由裁判者负责”的司法责任制改革要求相背离。最后,《四五改革纲要》明确要求:要加强审判指导的规范性、及时性、针对性和有效性。然而,规范性文件往往存在大量对象的重叠性和内容的差异性,一些内容甚至变动频繁。同时,一些已不适应社会发展要求,甚至不符合法律、司法解释基本精神的文件未及时废止。一线法官又无法在审查文件可靠程度之后再予以适用,反而对案件裁判产生不必要的干扰。

三、最高人民法院案例指导的发展与不足

目前,最高人民法院主要通过制定司法解释和规范性文件进行业务指导、促进法律适用统一,这样的方式在一段时间内仍会持续,但通过大量的文件来规范审判工作,毕竟与法院体系内在的司法属性不完全协调。2010年11月26日,最高人民法院发布了《关于案例指导工作的规定》,正式确立了中国特色的案例指导制度,并要求各级人民法院审判类似案例时“应当参照”。近年来,最高人民法院持续发布“指导性案例”,在加强对全国各级法院监督指导、统一法律适用等方面发挥了重要作用。长期来看,案例指导将会在最高法院业务指导方式中发挥更大的作用。然而,相比较英国、美国等国家历史悠久的判例制度,目前,我国案例指导制度建立时间仍然很短,实践积累经验也不足,还存在着不少问题,并对上下级法院间的审级关系造成了一定的负面影响。

(一)行政性色彩过浓

指导性案例是由最高法院人民遴选的生效案例,可能来自全国任何一家法院作出的裁判。《最高人民法院关于案例指导工作的规定》规定:指导性案例由最高人民法院遴选确定并统一发布。可以看出,一个生效案例能否成为指导性案例,是由最高人民法院内部的办公机构依程序选取问题、决定答案,并要求各级人民法院遵行,具有明显的行政化色彩,这种指导性案例的产生模式与最高人民法院制定司法解释相比非常类似,而与西方国家的“判例法”中上级法院判例对下级法院有约束力的模式相比则明显不同。这种行政化的指导性案例生成方式产生于行政化的上下级法院关系之中,反过来,又在制度运行中强化这一状态。

(二)案例指导导致上下级法院间的程序外命令

根据规定,全国各级法院在审判时应当参照指导性案例。也就是说,下级法院在审理类似案件时，并不是因为法官内心赞同指导性案例的公正性和科学性而予以“效仿”，而是因为最高人民法院的文件规定了指导性案例的法源效力，进而产生了规范拘束力。①最高人民法院已经发布的指导性案例，不仅公布了案情和裁判，还提炼了抽象性的裁判要点，这又进一步增强了指导性案例对下级法院裁判的约束力。然而，与同是抽象规范的司法解释相比，指导性案例的规范拘束力缺乏立法机关的明确授权，与最高人民法院其他规范性文件类似，都属于强制力的自我确定，因而也存在着侵蚀下级法院独立审判权，对下级法院作出法定程序外命令的可能。

（三）案例指导的“代谢”不完善

随着案例日益增多，有一种可能出现的情形也应提前防范，即过时的、错误的案例缺乏有效代谢，形成法律适用的不必要成本。简而言之，即“案例过多时可能尾大不掉，损害法律的‘经纬’地位，这与我国目前司法解释淹没法律文本的情况也实相类似。”②虽然《〈最高人民法院关于案例指导工作的规定〉实施细则》规定了指导性案例如果与新的法律或司法解释冲突则自然无效，但无论法律和司法解释如何发展，其对法律漏洞的消化吸收仍属有限，仍然会留下大量未作规定或未予明确的空间，由于指导性案例的“出生”是由最高人民法院明确指定的，除了被同样明确废止的指导性案例外，案件当事人、律师，甚至法官都很难判断此前的指导性案例哪些失效了，哪些没有。一旦应当废止的指导性案例没有被废止，实践中很容易对下级法院依法裁判造成干扰。

四、高级人民法院和中级人民法院的审判指导问题

《关于规范上下级人民法院审判业务关系的若干意见》第 9 条和第 10 条规定了高级人民法院和中级人民法院对辖区下级法院审判指导的具体方式。根据规定，除了间接的通过“审理案件”方式进行指导外，高级人民法院和中级人民法院还可以直接通过指定审判业务文件或总结审判经验、发布案例、组织培训等方式对下级法院进行指导。事实上，高级人民法院和中级人民法院实施的审判指导与最高人民法院的相关指导方式基本类似，如高级人民法院制定的审判业务文件和中级人民法院总结的审判经验性文件与最高人民法院的规范性文件非常接近，高级人民法院发布的参考性案例与最高人民法院的案例指导制度也有异曲同工之处。同时，由于我国法院系

① 参见雷磊：《指导性案例法源地位再反思》，《中国法学》2015 年第 1 期。

② 蒋集跃、杨永华：《司法解释的缺陷及其补救——兼谈中国式判例制度的建构》，《法学》2003 年第 10 期。

统中绝大部分的二审案件都是由中级人民法院和高级人民法院审理的，所以，这两级法院在审判指导中所表现出来的观点和偏好，往往更加受到一审法院的重视，相关指导意见也更容易获得权威性。

与上文中分析的问题类似，高级人民法院和中级人民法院制定的抽象的规范性文件在司法实践中对下级法院的审判具有重大影响力，经高级人民法院确定的参考性案例及其“裁判要旨”也构成对下级法院的有力约束，这往往会造成上级法院以审判指导为由，对下级法院的审判工作进行干预，导致下级法院法官在案件裁判中，不是把注意力集中于专业知识和司法良知，而是二审法院对该问题是如何认识和指导的，并最终按照上级法院的规范作出裁判，避免案件一审裁判在二审中被推翻。这种具有明显强制力的审判指导，客观上确实有统一法律适用、为下级法院办理疑难案件提供支持等方面的积极作用，但总体上看，仍然是对下级法院依法享有的审判权的侵蚀，是对上下级法院审级独立原则的违背，最终对我国依法治国和国家的法治建设产生危害。

第三节　审判管理关系的实践状况

“审判管理，是上级法院对下级法院、法院内部实施的审判活动的组织、协调和监督，是保证审判的有序进行，保障司法公正与效率的必要活动和制度安排”。①虽然不同于“三大诉讼法”中所规定的典型审级监督，不属于严格意义上的审判工作关系，但上下级法院关于审判管理的互动，直接作用于案件审判，是与审判工作密切联系的非审判工作关系，也是总结和探讨我国上下级法院关系中不可或缺的重要组成部分。

“法院审判管理是一项独立于诉讼程序制度、执行制度、审判组织和审判机构的制度，它与司法政务管理、司法人事管理制度一起，构成了法院管理制度的三大支柱。”②我国传统的司法模式中并无专门的审判管理活动。随着国家法治建设的逐步推进，法院系统开始重视审判管理，积极推行案件审理流程管理制度。2000 年以来，全国各地法院开始在流程管理基础上，探索总结案件质量评查。此后，我国法院系统的审判管理工作呈不断加强的

① 孙辙、朱千里：《积极主动或谦抑克制：“审判管理权”的正确定位与行使》，《法律适用》2011 年第 4 期。

② 龙宗智：《审判管理：功效、局限及界限把握》，《法学研究》2011 年第 4 期。

趋势,2011 年和 2014 年,最高人民法院两次出台关于审判管理的规范性文件,指导、规范新时期的法院审判管理工作。

审判管理具有层次性,微观的包括一名法官对所承担的审判工作的自我管理,一个审判庭的审判管理以及一个法院的审判管理;宏观的则包括一个中级人民法院或高级人民法院辖区所有法院的审判管理,以及全国法院整体上的审判管理。在我国上级法院"统领、负责"下级法院工作的管理格局下,上级法院必然在审判管理工作中发挥重要作用,并由此产生上下级法院间的审判管理关系。最高人民法院于 2014 年发布的《关于新时期进一步加强人民法院审判管理工作的若干意见》明确要求:各级人民法院要进一步创新和加强审级管理,在上级法院的指导下,切实建立起统一管理、统一协调、统一监督、统一指导的审判管理体系,做到上下一盘棋。各级人民法院的审判管理职能原则上应当归口管理、上下一致。

一、上级法院对下级法院的审判质量评估

质量评估是管理学中的重要内容之一。在我国改革开放以来,司法工作不断完善的背景下,管理学相关方法也对法院管理产生了积极影响。自 2003 年起,上海、四川等地区法院开展了案件质量评估工作的相关探索,利用若干数据指标对审判执行工作进行质量评估。2008 年,最高人民法院发布《关于开展案件质量评估工作的指导意见(试行)》,决定在若干法院开展评估试行工作,并于 2011 年 3 月对指标体系进行了优化,正式公布《关于开展案件质量评估工作的指导意见》。从此,法院审判工作的质量评估体系基本建立起来。在最高人民法院正式的评估指导意见中,共设立评估指标 31 个,其中,案件公正指标 11 个、案件质量指标 10 个、案件效果指标 10 个。同时,根据不同指标在司法实践中的重要程度,设置了评估体系中综合评价的计算权重,为上级法院进一步强化对下级法院的审判管理提供了重要渠道。笔者所在的上海法院自 2003 年起经过不断的探索与完善,结合最高人民法院的相关规范,也已形成一套评价全面、导向明确、指标完整、结构合理的评估体系。

经过多年的运行和完善,"人民法院的案件质量评估体系对全国法院审判工作产生了明显的激励、引导、规范和监督管理效应",①并为上级法院全面实施对下级法院的审判管理提供了重要抓手。然而,我们也应当认识到,法院的审判工作内容纷繁复杂,并且包含着非常丰富的法院智力成果。在

① 参见张军主编:《人民法院案件质量评估体系理解与适用》,人民法院出版社 2011 年版,第 2 页。

这种情况下，无论案件质量评估指标如何改进，单纯的数字化评估仍然无法完全准确、科学地对案件质量作出判断。实践中，有些上级法院对此未能充分认识，“错把案件质量评估体系中的绩效指标考核排名当成调度和指挥审判工作的指挥棒”，[①]部分下级法院为了追求指标上的优势，采取一些不符合公正审判要求的做法“刺激”指标数据，这显然不符合建立审判质量评估体系本来的目标设定和价值追求，也会对法院遵从审判规律，依法独立公正行使审判权造成极大的伤害。

二、上级法院对下级法院的案件质量评查

“案件质量评查制度是指上级法院对下级法院，各级法院对本院所审（执）结的各类案件的实体、程序、法律文书、案卷归档等情况进行的内部检查、评价。”[②]上级法院对下级法院的案件质量评查，主要通过组织对下级法院审理的案件进行细化检查，以对案件评查的得分多少作为评价的依据，多数情况下，还会在辖区内排位、通报、奖惩等，是上级法院在上诉审查、提起再审等法定程序之外，对下级法院进行审判管理的方式之一。这些上级法院组织的案件评查往往具有较高的覆盖面和良好的督促效果，如 2012 年，最高人民法院就在全国范围内开展庭审和裁判文书“两评查”活动，全国各级法院总计评查庭审 27 万多个，裁判文书 143 万余份，每名一线法官至少有 1 个庭审、2 份裁判文书接受评查。最高人民法院开展的裁判文书评查和庭审评查活动“达到了找差距、补短板、练技能、强素质的预期目的，为切实提升队伍能力、审判质量发挥了重要的基础性作用。”[③]各高级人民法院和中级人民法院也频繁地组织针对辖区下级法院的某段时间内审结的案件或某类案件的专项案件质量评查，并以评查结果为依据，对辖区法院进行排名、公示和奖惩。如陕西省高级人民法院 2013 年下发的《关于进一步加强全省法院案件评查工作的通知》规定：“各中级、基层法院每季度要把自查、重点评查和专项评查情况上报上级法院，省法院按季度通报，年底评出案件评查优秀法院并进行表彰。”[④]

在具体的评查方法上，最高人民法院《关于在全国法院开展涉诉信访案件质量评查工作的通知》在最高人民法院组织的全国性案件评查中具有相当的典型性。根据该文件总结如下：第一，评查方式。最高人民法院吸收高

① 杨凯：《审判管理理论体系的法理构架与体制机制创新》，《中国法学》2014 年第 3 期。

② 龙宗智：《审判管理：功效、局限及界限把握》，《法学研究》2011 年第 4 期。

③ 张先明：《全国法院“两评查”活动圆满完成目标任务，近 28 万个庭审和 144 万份裁判文书逐一“体检”》，《人民法院报》2013 年 1 月 30 日。

④ 杜豫苏：《上下级法院审判业务关系研究》，北京大学出版社 2015 年版，第 109—110 页。

级人民法院的审判人员组成合议庭，评查已经高级人民法院审查处理、到最高人民法院缠访或闹访的案件。高级人民法院参照最高人民法院评查方式，负责本辖区中级人民法院的案件评查工作。第二，评查内容和标准。评查内容包括案件事实认定是否清楚、法律适用和法律程序是否准确、文书制作是否规范等方面。具体评查标准以文件附件所列条目为准。根据评查情况，将案件评定为一类、二类和三类案件，即规范案件、瑕疵案件和错误案件，评查结果需经最高人民法院审核确定。第三，评查结果处理。最高人民法院对各省（区、市）瑕疵案件和错误案件在被评查案件中所占比重在全国范围进行排名通报，根据需要将结果通报当地党委。对审判瑕疵、错误责任人依规处理，对错误案件依照审判监督程序处理。评查结果记入相关人员的审判业绩考核档案。实践中，各地高级人民法院和中级人民法院组织的辖区案件评查工作方式，与该文件规定类似。

上级法院通过对下级法院进行案件质量评查，有助于强化对下级法院的审判管理，督促下级法院法官更加认真负责地完成审判工作，更好地维护人民群众的合法权益。然而，当前的案件评查工作也存在一些不足：第一，在缺乏对案件情况深入了解和全面听取各方当事人意见的情况下，仅凭评查法官短时间的阅卷评查，很难真正做到对案件审判质量全面客观的判断；第二，案件评查的具体标准和实施方式由上级法院主导，很容易发生上级法院将自己的审判倾向和好恶体现在质量评查的过程中，进而对下级法院依法审判造成一定影响；第三，案件评查方式往往采用“运动”方式，并由上级法院排名通报，容易诱发上下级法院行政化现象的发生，或使已经行政化的上下级法院关系趋于严重，使监督异化为领导、命令。

三、上级法院对下级法院的审判绩效考评

审判绩效考评，即根据司法的目的、功能和特点，对法院和法官的审判绩效进行总体性、数量化的评价和判定，发挥审判绩效评估的价值指引和行为导向功能。①虽然不同地方法院对下级法院的审判绩效考评方式各有不同，但几乎都把审判质效指标数据作为考核的基本依据和重要内容。“在过去相当长的一段时期内，全国四级法院都层层对下级法院进行审判质量评估指标考核排名，有的地方还每月通报、季度讲评、年底奖惩，对排名靠后的法院，上级法院还要约谈。有的高级人民法院还在有关文件中规定，对连续3年排名末位的，上级法院要建议地方党委对该院班子进行组织调整。”②在

---

① 参见胡夏冰：《审判管理制度改革：回顾与展望》，《法律适用》2008年第10期。

② 杜豫苏：《上下级法院审判业务关系研究》，北京大学出版社2015年版，第106页。

这种情况下，一些中级人民法院和基层人民法院为了追求更好的考核指标和排名，想方设法在数据填报和审判工作指标统计报送中弄虚作假，或者通过行政化手段给业务庭和审判法官层层“压指标”，导致许多违背审判基本规律的管理乱象。

在一般的企业管理中，数据化的绩效考评体系往往非常有效，但面对着极其复杂又包含大量自由裁量权的法院审判工作，看似科学、完备的数据化考核指标很可能并不有效，难以准确地反映出法院的实际工作绩效情况。在上级法院的绩效考评中，理性的下级法院和法官会“按照绩效考评的要求努力在提高调解率的同时降低自己所审案件的上诉率、申诉率和发改率，尽量缩短所审案件的平均审限并增加单位时间内的结案数量”。①但如前所述，由于审判工作的高度复杂性，上级法院完全倚重绩效指标进行考核管理，很容易导致下级法院审判管理工作的异化。如某高级人民法院在对辖区法院考核中，将均衡结案度②作为重要指标，下级法院为获得较好的指标数据，采取了“以收定结”和“控制收案”等举措，反而导致办案法官工作节奏难以把控以及额外的当事人“立案难”的问题。可以说，在以绩效数据为核心的考核体系中，审判绩效考核所应具有的督促法院和法官勤勉工作、依法公正高效完成审判任务的功能发挥的并不理想。

实践中的不足也引起了司法决策者的关注。2014 年 6 月，最高人民法院制定的《关于新时期进一步加强人民法院审判管理工作的若干意见》要求：依法科学设定审判绩效考核的内容、项目和标准，避免由于考核项目、指标、权重等设置不合理对办案工作产生负面影响，特别是防止为追求考核成绩而干扰法院办案工作的正常开展。2014 年 12 月，最高人民法院决定：为了更好地尊重司法工作规律，尊重法官主体地位，决定取消对全国各高级人民法院的考核排名，同时要求各高级人民法院要按照最高人民法院的要求，取消本地区不合理的考核指标。③应当说，取消指标排名的决定大大降低了下级法院盲目追求指标的内在动力，有助于质量评估指标回归其原有功能。然而，在当前上级法院缺乏其他明确、有效的评估下级法院工作手段的情况下，仅凭最高人民法院的一项决定，能否真正解决下级法院片面追求指标数据的问题值得怀疑。事实上，据观察，这一决定出台以后，各地高级人民法

---

① 艾佳慧：《中国法院绩效考评制度研究——“同构性”和“双轨制”的逻辑及其问题》，《法制与社会发展》2008 年第 5 期。

② 均衡结案度是以报告期同期结案率的平均值为参考值，计算每月同期结案率的均衡程度。考评均衡结案度的本意在于避免年底突击结案，实现案件进出的动态平衡。

③ 参见《最高法决定取消对全国各高级法院考核排名》，《光明日报》2014 年 12 月 29 日。

院、中级人民法院仍继续开展辖区法院评估指标的通报和讲评工作，除不再直接在通报中进行排名以外，其他并无明显变化。在地方法院中，下级法院，特别是下级法院主要领导的工作能否获得上级法院的认可，在目前尚无更好的替代方案的情况下，审判质效评估指标仍然是最重要的考量因素之一。

第四节 司法政务管理关系的实践状况

我国法院作为国家的审判机关，其根本目标是依法公正审判案件，而公正高效审判目标的实现，又离不开司法政务管理的保障和支持。在整个国家权力架构中，法院的组成和基本物质保障等重大司法政务安排已有法律规定，如各级法院的院长、副院长、审委会委员、庭长、副庭长、审判员由相应的人大及其常委会选举或任免，但与法院的日常运行直接相关的行政事务，大多交由法院系统自行管理。上下级法院司法政务管理关系由此形成，并在实践中对上下级法院关系，特别是审级关系产生重要影响。

一、上下级法院的人事管理关系

法院有其独立的宪法和法律地位，但法院也都是由人（法官以及其他辅助人员）组成的。地方党委、上级法院都清醒地认识到"只有管住人，才能管住事；管住人，人事两全；只管事，管不住人，人事两空。"①因此，在上下级法院司法政务关系中，人事管理关系是其中最重要的方面，也是对上下级法院关系影响最为深远的因素之一。

（一）上级法院在下级法院干部选任中的影响

关于法院系统的干部管理体制，在中央组织部1983年15号文件中有原则性规定："对于干部管理上实行双重领导、以地方为主的单位，法院、检察院、公安厅（局）的干部，也按这一办法管理"。最高人民法院党组于1984年随之制定了《关于各级人民法院党组协助党委管理法院干部的办法》，确立了"地方党委为主，双重管理"的法院干部管理制度。

根据法律规定，法院院长有相应级别人大选举或任命。但在中国的政治实践中，由于在人大选举或任命之前有着充分的人选"酝酿"过程，而最终正式的候选人往往只有一人，所以，法院院长的最终人选主要还是由人事"酝酿"过程决定，而非人大的法定选举或任命程序。根据党管干部的原则，上级党委实际上拥有决定法院院长人选的主要权力。同时，本级党委对法

---

① 刘忠：《条条与块块关系下的法院院长产生》，《环球法律评论》2012年第7期。

院院长也有提出建议的权力。①从理论上说,“上级法院仅仅凭借对下级法院干部的协管权是难以对法院院长任用产生决定性影响的。”②但是,随着司法改革的逐步推进,近年来,上级法院对于下级法院院长及其他领导任免的影响力逐渐增强。2007 年,中组部发文规定:“党委组织部门考察人民法院领导班子、领导干部时,上级人民法院党组应当派员参与考察。地方人民法院党组书记和院长的任免、调动,应征得上级人民法院党组同意。③”最高人民法院也不断强调上级法院对下级法院领导干部的协管力度。如 2002 年 7 月召开的全国法院队伍建设工作会议上,最高人民法院就要求上级法院积极履行协管职能,主动配合地方党委工作,要贯彻执行《法官法》,严格按照法律规定条件选任院长、副院长。④

产生这样的变化,主要是以下几个因素共同作用的结果:首先,法官的职业化水平提升对法院院长的专业素养提出了更高的要求。根据《法官法》规定,法院的院长、副院长人选必须具备法官任职条件,而担任法官除必须具备具有中国国籍、年满 23 周岁等基本条件外,还需要具有法律专业学历或法律专业知识,且从事法律工作满一定年限。也就是说,法院的院长、副院长必须具有法律专业知识且有过一定年限的法律工作经历。同时,法院院长具有较强的专业素养,也已经成为全面推进依法治国进程中的一项普遍性要求。而在法院领导干部的主管和协管各方中,上级法院显然具有更强的专业上的话语权,上级法院所推荐的人员也大多具有较强的审判和法院管理方面的专业能力。其次,法院院长异地交流制度的影响。根据中央《党政干部交流工作暂行规定》规定,新提拔担任法院主要负责人的,一般不得在其原籍、出生地、生长地所在的县(市)任职。如选任一位基层法院院长,需要在法院所在县市党委辖区以外区域任职的干部中选拔,但却是在同一个中级人民法院或高级人民法院的辖区,该干部获得上级法院对其工作的支持就变得至关重要。再次,司法改革中“去地方化”的影响。长期以来,我国地方法院受到同级党委、政府的管控导致地方保护、司法不公的现象较为

① 参见《党政领导干部选拔任用工作暂行条例》第 27 条、《党政领导干部选拔任用工作条例》第 32 条。

② 汪文杰:《当代中国上下级法院关系研究》,华东政法大学硕士学位论文,2013 年。

③ 参见《中共中央组织部、中共最高人民法院党组、中共最高人民检察院党组关于印发〈关于进一步加强地方各级人民法院、人民检察院领导干部选拔任用工作有关问题的意见〉的通知》(中组发[2007]6 号)。

④ 参见《最高人民法院关于认真做好中级、基层人民法院院长换届选举工作的通知》(法[2006]151 号)。

严重。为了减少"地方保护主义"对司法公正的影响,上级法院不得不加大对下级法院的管控力度,以法院内部的层级权威抵挡地方的不当干预。①当前,我国新一轮司法改革正在稳步推进,党的十八届三中全会提出的"人财物省级统管",就是要逐步化解法院系统中的地方化问题。党的十八届四中全会在此基础上,提出要进一步改革司法机关人财物管理体制。虽然法院系统人事的省级统管并不意味着上级法院对下级法院的垂直管理,但由于法院系统人员众多、业务相对专业,省一级的职能部门仍需要依托高级人民法院和相应的中级人民法院来具体落实人事管理的具体工作,上级法院也因此加大了相关人事安排中的话语权。

（二）上级法院在下级法院干部考核中的角色

根据《法官法》规定:法官由法院考评委员会负责考核。从实践来看,法官的审判质效指标和审判工作实绩是考核的重要参考。而对于法院院长、副院长等领导的考核则有所不同,他们主要由同级党委和上级法院负责考核(没有上级法院的最高人民法院除外)。"法院领导干部考核一般包括以下几个程序:撰写个人总结或述职报告、在规定范围内总结述职、进行民主评议、确定考核等级、考核职能部门对考核意见进行审核并按干部管理权限报批或备案、考核结果反馈。"②在法院领导的考核中,虽然同级党委和上级法院均有权进行相关考核,但法院系统仍致力于减少横向影响,增加自上而下的考核力度。一方面,如前所述,对法院领导干部的考核重点在于法院的队伍建设和带领法官和工作人员完成审判工作任务,而由于司法工作的专业性,法院审判任务完成情况及完成质量的判断,更多地依赖于法院整体的审判质量评估、案件评查以及信息调研考核等工作,这些信息显然主要是由上级法院掌握并加以评判的,同级党委难以作出更有说服力的不同判断。另一方面,解决司法地方化问题、推进法院系统人财物省级统管是当前司法改革的重点内容之一,从中央到地方推进的各项改革措施,都是要在坚持党的领导和保障依法公正审判的基础上,减少地方法院同级党委政府对法院审判工作的干预空间,降低地方对法院领导的考核参与度也是其中的举措之一。在这一背景下,法院领导的地方同级党政考核与上级法院考核明显呈现出"此消彼长"的态势。

"在很大程度上,绩效考评机制就是一个信息传递机制和奖励机制。"③

---

① 参见陈杭平:《历史视野下的上下级法院关系》,《人民政协报》2013年1月7日。

② 沈志先主编:《法院管理》,法律出版社2013年版,第262页。

③ 艾佳惠:《中国法院绩效考评制度研究——"同构性"和"双轨制"的逻辑及其问题》,《法制和社会发展》2008年第5期。

由于当前法院领导干部考核结果很大程度上取决于考核者的态度和倾向，使得法院院长等行政干部面临与普通法官审判绩效不一样的制度制约和激励。上级法院这样的考核方式，很容易使得下级法院领导主动向上级法院靠拢，并努力赢得上级法院的认可，在我国法院内部层级管理模式仍占据主导的情况下，上下级法院间关系中的行政性因素也同步被强化。

（三）上级法院对下级法院人员分类改革的主导

建立符合职业特点的司法人员管理制度，是深化司法改革中的基础性举措。长期以来，我国把法院工作人员作为普通公务员管理，带来不少弊端。针对这一问题，党的十八届三中全会提出要“建立符合职业特点的司法人员管理制度”，党的十八届四中全会进一步提出要“加快建立符合职业特点的法治工作人员管理制度，……建立法官、检察官、人民警察专业职务序列及工资制度”。为贯彻落实文件精神，最高人民法院出台了《关于全面深化人民法院改革的意见》，对法院人员分类改革进行了具体部署，推动建立符合职业特点的法官专业职务序列、健全审判辅助人员管理制度、健全司法警察和司法行政人员管理制度。这些改革虽然需要由中央统一部署并加以落实，但日常工作和具体推进仍大多由最高人民法院牵头负责，并通过高级人民法院和中级人民法院，逐级落实到全国法院系统。

法院人员分类改革中最重要的一个内容是建立法官员额制度，这也是对法院系统人事管理影响最大的改革举措之一。目前，全国法院的法官员额制已经全面推开，在改革实践中，主要由各地区的高级人民法院主导，负责制定具体的改革方案，并通过自身的行政化管理逐步加以推进。从具体实践来看，各地区高级人民法院对改革的主导主要体现在以下几个方面：第一，明确辖区法院法官员额的控制比例。按照中央总体方案，法官员额应当不超过政法专项编制的39%。但在具体落实中，单个法院的员额比例还需要由高级人民法院在方案制定中加以测算和设定。如上海市高级人民法院确定的上海法院具体法官员额比例为33%。第二，入额法官的管理调配。为确保有限的法官员额真正被用于一线审判人员，避免法院行政领导和综合部门过度占用，一般由高级人民法院确定辖区各法院法官员额配置。第三，分类管理的持续推进。每一个具体法院的不同类别人员配备的比例和数量需要根据审判工作进行动态调整和持续跟踪，这项工作一般也由高级人民法院承担。此外，高级人民法院还承担着设置法官员额制度的过渡和实施方案的职责，通过组织辖区法院法官业绩考核、入额法官选拔考试、承担法官遴选委员会日常工作、协调未入额法官岗位调整等方式，推动新的法官管理方式平稳实现。

二、上下级法院的队伍建设关系

(一) 思想政治建设

如前所述,上级法院党组对下级法院领导干部具有协管权。党的领导方式主要是政治领导、思想领导和组织领导,除上级法院党组对下级法院领导干部选任中的影响力日益扩大,同样重要的还有上级法院在下级法院思想政治建设中的巨大作用。具体而言,上级法院对下级法院思想政治建设中的角色主要体现在以下几个方面:第一,成为下级法院保持正确政治方向的责任者。司法工作只有始终坚持党的领导,才能确保沿着正确的政治方向前进。而党领导司法工作的重要方式就是确保法院以及法院全体党员在思想认识上始终保持清醒,服从和落实党的路线、方针、政策。在当前的司法体系中,上级法院对此负有重要责任。为此,上级法院必然高度重视下级法院的政治立场是否坚定,并采取各项日常和专项教育监督措施,确保人民法院正确的政治方向。第二,成为下级法院思想政治建设的组织者。法院的组织体系与党在法院的组织体系基本上是重叠的,党员的数量一般占司法人员的绝大多数。上级法院党组作为下级法院党组的重要协管者,必然承担着主导和督促下级法院党组织思想工作的责任,在组织建设的总体框架内,要求下级法院将思想教育作为法院自我建设的重中之重,根据法院工作实际,组织开展社会主义法治理念等方面的专题教育活动,并对相关教育活动的开展情况和实际效果进行监督检查、考核评比,切实提高法官的政治素质和理论修养。第三,成为中央和上级法院党组精神的重要传递者。对于最高人民法院来说,其担负着将中央的方针政策和各项工作要求传递到法院系统,并坚决予以落实的责任,高级人民法院和中级人民法院则承担着将中央和上级法院党组的要求传递到本辖区所有法院,并监督落实的责任,确保法官和工作人员树立正确的理想信念,在依法审判的同时坚决贯彻落实党的路线方针政策。

(二) 法官教育培训

法官的在职培训是法官司法能力提升的重要环节。“近年来,在最高人民法院的组织和指导下,全国法院法官在职培训工作取得良好成效。”①法官在职培训的基本要求是分类、分级、全员培训,其中分级培训是指根据工作需要,由法官所在法院和上级法院分别组织培训,提高法官的专业素养和工作能力。

---

① 最高人民法院司法改革领导小组办公室编:《〈最高人民法院关于全面深化人民法院改革的意见〉读本》,人民法院出版社 2015 年版,第 275 页。

在法官教育培训工作中,上级法院发挥着整体上的组织、指导、协调的重要职能,既负责组织辖区下级法院共同参与的培训,也要负责对下级法院的培训工作进行部署、督促和指导。最高人民法院制定的《法官培训条例》规定:最高人民法院统一管理全国法院的法官培训工作,地方各级人民法院管理本辖区的法官培训工作。具体来说,上级法院在下级法院法官培训中的地位和影响主要体现在以下几个方面:第一,确定法官教育培训工作的基本方向。通过自身的培训工作和对下级法院的指导,让法官培训紧紧围绕审判职能需要开展,以问题为导向、以提高法官司法能力为目标。第二,发挥上级法院在培训工作中的主体作用。由上级法院直接组织培训,按照不同审级、不同类别、不同岗位法官的差异化培训需求,发挥上级法院在审判理论研究、审判经验总结和培训资源掌握方面的优势,并通过培训活动传递裁判理念和裁判方法,对下级法院审判工作进行指导。第三,提供教学师资、案例、课件等软硬件配套。加强全国法院法官教学师资库等资源建设,是做好法官教育培训的重要保障。最高人民法院、高级人民法院和中级人民法院按照择优入选、结构合理、动态管理的原则,根据专业需求和审判导向,进一步充实案例等符合法官培训需求的资源,是下级法院法官获得良好培训的重要支撑。第四,推动法官培训机构和培训基地的建设。通过最高人民法院和高级人民法院对国家法官学院和省级法官学院分院、培训基地建设,加大对相关培训能力和办学条件的支持力度,为下级法院提供重要的培训条件。

（三）廉洁监督检查

当前,一些司法人员作风不正、办案不廉,办金钱案、关系案、人情案,这些现象的存在,极大地损害了司法公正和人民群众对司法的信赖。在法院系统内部的廉洁监督检查工作中,上级法院具有特殊而重要的地位。

1. 廉洁监察

人民法院工作人员因违反法律、法规或者有关规定,应当承担纪律责任。根据最高人民法院颁布的2013年修订的《人民法院监察工作条例》的规定:人民法院确立纪律检查工作的双重领导体制,各级法院监察部门在本院院长和上级法院监察部门的领导下开展工作。上级法院监察部门对本院以及下级法院及其院长、副院长、副院级领导干部、监察部门主要负责人实施监察。基层人民法院监察部门或监察员对本院各部门及其法官和工作人员实施监察。上级法院监察部门可以办理下一级法院监察部门管辖范围内的监察事项,必要时,可以办理所辖各级法院监察部门管辖范围内的监察事项。随着人民法院司法改革的不断深入,法院“人财物省级统管”体制的逐步推进，人民法院违纪案件查处机制需要进一步健全和完善，形成上级纪委和上级法院为主、下级法院协同配合的违纪案件查处机制。[①]需要指出的是，此次司法改革的一项重要举措，是在最高人民法院和省高级人民法院设立由法官代表和社会有关人员参与的法官惩戒委员会，负责对法官违纪违法行为进行惩戒。但是，由于法官惩戒委员会并没有具体的工作机构，法官违纪违法行为受理、调查、审理等基础性工作，仍需要由法院监察部门按照《人民法院监察工作条例》等规范具体承担，在完成主要事实的调查和给出初步处理方案后，提请法官惩戒委员会审议决定，上级法院监察部门仍将对辖区下级法院的监察工作发挥重要的领导和监督作用。

2. 司法巡查

司法巡查是指上级法院对下级法院领导班子建设、司法业务建设、司法队伍建设情况进行巡回检查的内部监督制度。根据2010年最高人民法院发布的《人民法院司法巡查工作暂行规定》，司法巡查的内容主要包括以下几个方面：一是对下级法院在审判工作和其他司法工作中贯彻落实党的路线方针政策、执行上级法院决策部署、落实党风廉政责任制以及人事管理的情况进行监督检查；二是对下级法院在执法办案工作中执行法律、执行上级法院决议决定、化解社会矛盾、服务经济社会发展大局等情况进行监督检查；三是对下级法院加强思想政治建设、组织专题教育、开展业务培训、提高司法能力、改进工作作风等队伍建设情况进行监督检查。如2015年4月，最高人民法院分别向北京市和上海市派出司法巡查组，最高人民法院领导要求："要把严明政治纪律、惩治司法腐败、转变司法作风、规范选人用人等四个方面作为工作重点，突出党风廉政建设的主体责任和监督责任，以及遵守政治纪律的情况"。[②]根据规定和实践操作，上级法院的司法巡查主要采取听取专题汇报、列席党的民主生活会等相关会议、调阅复制有关文件档案、对被巡查法院领导和工作人员进行个别谈话、走访当地党政机关等方式进行。

实践证明，司法巡查制度在一定程度上发挥了监督下级法院审判、执行工作，促进下级法院加强思想队伍建设、司法能力建设的作用。

3. 审务督察

"审务督察是指各级人民法院对本院各部门及其工作人员，上级法院对下级法院及其工作人员履行职责、行使职权、遵章守纪、改进作风等情况开

---

① 参见最高人民法院司法改革领导小组办公室编：《〈最高人民法院关于全面深化人民法院改革的意见〉读本》，人民法院出版社2015年版，第192—195页。

② 郭京霞：《最高法院对京沪两高院进行第二轮司法巡查》，《人民法院报》2015年4月12日。

展实地检查的内部监督方式。”①最高人民法院于2011年发布了《人民法院审务督察工作暂行规定》，明确各级法院的审务督察的机构设置、督察职权、督察方式以及问题的监督处理程序。根据规定，针对下级法院的各项工作，上级法院的审务督察机构有权通过日常或专项督察，通过开展审务评议听取其他国家机关和社会公众对下级法院工作的意见，纠正下级法院中人民群众反映强烈的作风问题。在审务督察中，相关机构可以采取明察和暗访相结合的方式开展，可以查阅、复制、调取有关资料，通过录音、摄影摄像等方式收集与督察事项相关的资料，要求下级法院法官和工作人员就督察事项中涉及的问题作出说明和解释。对于督察中发现的问题，督察机构可以当场予以制止和纠正，也可以事后提出查处和纠正意见。发现涉嫌违纪违法行为的，移交监察部门处理。

三、上下级法院的后勤保障管理关系

从当前的法院体系运行状况来看，各级法院所需经费和后勤保障除部分来源于中央政法专项经费外，大部分依靠同级政府保障。为解决地方保障所带来的司法“地方化”问题，党的十八届三中全会提出要改革司法管理体制，推动省以下地方法院、检察院人财物统一管理，建立省以下法院经费省级统一管理机制，进行省级财政统一管理。建立资产统一管理机制，中级人民法院和基层人民法院的各类资产由同级政府划转省一级政府相关部门统一管理。但是，无论是既有的同级政府保障模式，还是改革后的省一级统一保障模式，上级法院对下级法院的后勤保障管理都在实践中发挥着重要影响。

（一）财务管理工作

财政部、最高人民法院制定的《人民法院财务管理暂行办法》规定：人民法院有对辖区内下级人民法院的财务活动实施指导、监督的职责。最高人民法院制定的《关于建立人民法院经费保障和财务管理长效工作机制的若干意见》明确：上级法院要加大对下级法院财务工作的指导和监督力度，通过对下级法院的财务指导监督，完善系统经费资金管理，加强财务政策和制度研究，规范系统财务管理，提高工作效能。

在当前新一轮司法改革中，改革法院财物管理体制，就是要建立省级以下地方法院“统一管理、两级保障”的体制。推进省级以下地方法院财物统管，关键是要体现财政管理特点，发挥高级人民法院了解下级法院情况的优势。省级财政部门管理省级以下地方法院经费，高级人民、中级人民和基层

---

① 张先明：《最高人民法院推出审务督察制度》，《人民法院报》2011年12月19日。

人民法院均为省级政府财政部门的一级预算单位,向省级政府财政部门编报预算,预算资金通过国库集中支付系统拨付。"省级财政部门在地方法院预算编制、大要案办案经费、特殊专项经费安排等方面要听取高级人民法院的意见建议。预算执行监督、专项检查考核等工作则由省级财政部门会同高级人民法院共同组织开展。"①前述《关于建立人民法院经费保障和财务管理长效工作机制的若干意见》也已经规定:各高级人民法院的财物管理部门要积极配合财政、发展改革等行政机关对法院系统中央和省级转移支付资金以及基本建设投资资金的分配和管理工作,同时要指导和监督下级法院财务工作。可以判断,在省以下地方法院财务省级统管的改革措施落实到位后,高级人民法院对下级法院的财务管理和控制程度将进一步加强。

(二) 司法警务工作

司法警务工作是法院审判职能发挥的重要保障,承担着安全保卫、送达、部分司法惩处措施和刑罚的执行等重要职责。与廉洁监督类似,法院的司法警务工作也实行双重领导制度,即同时接受本法院院长和上级法院司法警察部门的领导。根据《人民法院司法警察条例》规定:上级法院司法警务管理部门有权管理下级法院司法警务工作,其中包括对下级法院警务工作进行监督和考核、管理下级法院司法警察警衔、协调重大司法警务活动等。同时,该条例还明确:司法警察与一般警察类似,必须服从上级命令。也就是说,对于下级法院的司法警察和司法警务工作,上级法院掌握着充分的管理权和控制权,是完全的行政化上下级关系。实践中,虽然日常的司法警务工作更多地属于各法院自身的职责,但上级法院对下级法院的该项工作仍十分重视,并将其作为辖区法院履行职责的重要保障措施来加以管理,不断督促、检查下级法院的司法警务和安全保卫工作情况,领导和监督下级法院司法警察在司法警务方面履行好自身职能。同时,在警务装备、警务训练等方面,下级法院往往依赖上级法院的统一组织和调配,确保其有足够的能力履行司法警务职能。

(三) 信息化建设工作

加强法院信息化工作,是实施国家信息化发展战略、进一步提升法院司法能力的必然要求。法院信息化建设的关键在于建立统一标准,实现不同层级法院互联互通。为此,全国法院在推进信息化建设过程中,必须更加充分发挥上级法院的指导、协调功能,特别是需要最高人民法院发挥整体上的

---

① 最高人民法院司法改革领导小组办公室编:《〈最高人民法院关于全面深化人民法院改革的意见〉读本》,人民法院出版社2015年版,第331页。

统筹协调和标准确定功能。为此，最高人民法院于2013年专门成立专门的服务机构，制定《人民法院信息化建设五年发展规划（2013—2017）》，大力推进“天平工程”，基本建成覆盖全国法院的业务网络。其中，“天平工程”是根据国家信息化发展战略和电子政务建设有关精神启动的法院信息化建设专项工程。“天平工程”按照统筹规划、资源共享、突出重点、分期建设的原则，由中央及地方两级政府投资。最高人民法院要求：今后凡涉及审判执行及司法审判管理等内容的信息化建设，均应纳入“天平工程”，统筹规划、统一管理。[①]在此基础上，高级人民法院等地方各级人民法院可在具体执行中结合自身特点，进行一定的创新和探索。

从全国各省级区域的法院信息化建设实践来看，上级法院，特别是各省、自治区、直辖市的高级人民法院在推进信息化过程中，也发挥了极大的主导和推动作用。主要表现在以下几个方面：一是加强辖区法院信息化建设的统筹规划。各高级人民法院重视信息化建设中的标准统一问题，在信息化建设方面注重统一规划、统一管理，推进协调发展。二是加强信息化建设物质保障。“高级人民法院每年集中调控40%左右的中央和省级政法专项转移支付资金，积极争取地方财政支持，将法院信息化经费列入经常性预算。”[②]通过信息化建设资金在省级范围内的统筹使用，确保相关资金需求得到及时支持，减少地域差异。三是主导形成数据互联。各高院人民积极推进辖区内信息化数据的互联互通，加强省级人民法院系统信息化基础设施的建设和管理。如广东省高级人民法院对全省信息化建设进行统筹考虑、实施统一技术标准和参数，为最终实现信息共享、大数据综合利用奠定了技术基础。目前，建成了涉及审判执行、案件质量监督、诉讼电子档案等25个功能模块的“广东法院综合业务系统”，实现了全省三级法院信息纵横交叉的互联互通、资源共享和综合利用。[③]四是保障信息安全。高级人民法院和中级人民法院通过加强对辖区信息化建设和运行的管理，增强网络信息安全保密综合管理能力。如上海市高级人民法院职能部门承担对全市法院内部业务专网全链路、全联接设备与终端的监控、故障预警、移动介质控制、数据备份、信息资产管理职责，加强信息化安全教育，落实安全保障措施，为辖区法院提供安全可靠的信息化技术应用。

① 参见最高人民法院司法改革领导小组办公室编：《〈最高人民法院关于全面深化人民法院改革的意见〉读本》，人民法院出版社2015年版，第337—338页。

② 最高人民法院司法改革领导小组办公室编：《〈最高人民法院关于全面深化人民法院改革的意见〉读本》，人民法院出版社2015年版，第340—341页。

③ 参见袁定波、云利珍：《广东法院：打造三级法院“网上执行局”》，《中国审判》2015年第12期。

第四章　我国上下级法院关系状况的评价和影响

分析我国当前上下级法院关系的实践状况，首要标准就是在《宪法》第 132 条的视域下，考察上级法院是否在尊重审级独立的前提下，依法监督下级法院正确适用法律并作出公正裁判。同时，还要注意到，《宪法》第 128 条规定："中华人民共和国人民法院是国家的审判机关。"上下级法院关系无论在实践中呈现出怎样的具体形式，都不能违背法院作为国家审判机关的基本性质定位。依据上级法院监督下级法院审判工作以及法院的基本职能设置，逐项评估上下级法院关系的实践状况，并分析其对上下级法院关系的总体影响，是设置相关改革目标和落实改革措施的重要前提。

第一节　上下级法院关系状况的总体评判

从上下级法院审判工作关系的制度架构和实践运行来看，我国宪法和法律规定的"上级法院监督下级法院审判工作"的制度框架基本得到了落实，在实践中，上级法院也确实发挥了保障下级法院依法公正行使审判权、监督下级法院正确适用法律的功能。对于这些积极的方面，应当肯定并予以保留。然而，在制度和实践中，我国上下级法院间的审判工作关系仍存在一些不合理、不正常的状态，并对上下级法院关系定位的合理落实产生不利影响。对于这些消极的方面，我们应当重点予以关注，并在深入分析的基础上加以改革。

一、审级关系：个案层面的"压制"

（一）程序外监督广泛存在

"无论是以英、美为代表的普通法系国家，还是以德、法为代表的大陆法系国家，使这些国家的上下级法院之间产生关联的主要联结点是依据审级间的程序设置功能。"[1]因而,程序性是构成上下级法院审判工作关系的一个基础性特征,并为上级法院提供充分合理的审级监督渠道。总体而言,我国上下级法院间的审判工作关系同样具有明显的程序性,上级法院主要通过实施法律规定的上诉审、启动再审、确定级别管辖和指定管辖等方式完成监督职责。但是,与法治发达国家相比,我国上下级法院审判工作关系存在明显的程序性和非程序性同时存在的特征。这种非程序性监督体现在两个方面:一种是程序性监督制度框架内的非程序性实施,如上级法院发回重审、提起再审、上调管辖权以及指定其他法院管辖;另一种是非程序性监督的日益扩张,如下级法院向上级法院请示案件如何处理、上级法院向下级法院发送发回重审内部函。非程序性监督渠道的存在,使得上级法院的审级监督权力可以在相当大的范围内"随意"行使,形成与司法规律不相适应的行政化监督方式。

(二)监督的价值偏差时有发生

上级法院监督下级法院的审判工作,就是要确保整个司法体系的公正产出以及司法功能的正常发挥。然而,整个法院系统并不是"铁板一块",在系统内部的不同层级法院仍然有其"个体性利益",如对于具有重大影响力案件的管辖权争夺、对于矛盾激化案件的规避、对于审判绩效评估结果的追逐,等等。由于上级法院与下级法院相比有天然的资源和权力优势,所以,上级法院以"监督下级法院公正审判"为名,以追求自身利益为实的监督行为在司法实践中仍时有发生,并集中体现在发回重审、提起再审、提级管辖、下放管辖权等领域。这样的行为显然偏离了宪法和法律所赋予上级法院审判工作监督权的正常轨道。

(三)监督向"压制"转化

尽管上级法院要对下级法院的判决进行审视,甚至会推翻原判决,但是,这种制约并不代表上级法院对下级法院审判工作的控制。上级法院在审级监督中,既要维护正义,也要体现出"对下级法院的判决必须有清醒认识和适当尊重"。[2]然而,在我国司法实践中,上级法院对下级法院审判工作方面,显然具有极高的权威性,相对宽泛的法律规定又使得上级法院享有一定的干预权,如上级法院可以相对自由地在二审程序中将案件发回重审、对下级法院生效裁判提起再审,可以根据自己的认识和意愿剥夺下级法院依

---

① 杜豫苏:《上下级法院审判业务关系研究》,北京大学出版社 2015 年版,第 151 页。

② 参见[美]弗兰克·M.科芬:《来自上诉法院的思考》,翟玉成译,载宋冰编:《读本:美国与德国的司法制度及司法程序》,中国政法大学出版社 1998 年版,第 416 页。

法享有的案件管辖权,从而形成审判工作中上级法院对下级法院的威权体系,进而在一定程度上控制下级法院审判权的运行。在这样的权力框架下,下级法院在审判过程中也会积极向上级法院寻求指示、意见和偏好,并愿意按照这些信息作出裁判,进一步放弃了下级法院的独立地位,将下级法院依附于上级法院。

这种"压制"体系还体现在下级法院对上级法院"反向制约"的欠缺上。"对于二审裁判中的不规范之处,一审法官观察得最认真、最仔细"。①下级法院对上级法院的反向制约,并非以其主观意愿和沟通行为"引导"二审裁判,而是"通过上下级法院之间权力分层或分权设置,使上级法院在制约下级法院的同时,自身权力也处于制约之下"。②我国的诉讼制度和司法实践在这一方面仍有很大缺陷,上级法院的这种审级监督权,不仅会破坏宪法所确定的审级独立平等的法院架构,而且还可能会使上级法院监督权因过度膨胀而导致监督效果的逆向体现。

二、审判指导和审判管理关系:宏观层面的"管控"

与上下级法院审判工作关系类似,当前我国上下级法院间的审判指导和审判管理关系总体上符合宪法和法律对上下级法院关系的总体要求,实践中,上级法院也通过审判指导、审判管理,发挥了监督、促进下级法院依法公正高效审判、破解影响司法能力提升的深层次问题,确保法院系统在沉重的审判工作压力下保持正常运转的重要作用。但是,从我国上下级法院审判指导和审判管理关系的实践来看,与《宪法》第 132 条的规定以及该条所蕴含的法治精神相比,实然的运行状态与应然的制度设计仍然存在一定的差异,阻碍了我国上下级法院审判工作关系,乃至整体上下级法院关系科学化的进程。

在我国当前的上下级法院互动中,包括最高人民法院在内的上级法院不断加强和改进对下级法院的审判指导和审判管理,目的在于加强指导和管理以提升下级法院的履职水平。其内在原因则更多的是上级法院对下级法院审判工作整体上的"担保责任",以及由此产生的对下级法院的"担忧"。然而,这种不断强化的审判指导和审判管理,却在实践中愈发表现为宏观层面上级法院对下级法院审判工作的行政化管控。具体表现为以下几个方面:

(一) 在宏观上管控下级法院的审判工作

每一个法院对依法由自己管辖的案件都拥有法律范围内的自主权。然

① 廖奕:《司法行政化与上下级法院关系重塑》,《华东政法学院学报》2000 年第 6 期。

② [美]戈尔丁:《法律哲学》,齐海滨译,生活·读书·新知三联书店 1987 年版,第 34 页。

而，当前上级法院在对辖区法院进行指导和管理时，往往还存在较为浓厚的“管控思维”，不愿也不敢留给下级法院充分的自主权力。在审判指导方面，美国联邦宪法把司法职能限于决定“具体争议”（cases and controversies），因而严格禁止法院制定任何具有外部约束力的“抽象司法行为”。当然，“美国法院对法律的解释具有先例作用，但先例必须是在具体个案中形成的，法官或法院不可能超越个案而独立发布任何‘司法解释’”。①在我国，最高人民法院虽然有权制定司法解释，但在现行法律之外制定“立法性”或改变法律的司法解释，显然与解决法律规定过于原则的目的不符。同时，最高人民法院还根据自身需要，频繁地制定各类规范性文件，自行选择哪些案件作为有约束力的“指导性案例”，高级人民法院和中级人民法院也在实践中广泛采用“审判业务文件”、“条线指导意见”、“执法口径”等方式，在法律之外为下级法院的案件裁判设定规则，尽最大可能消解下级法院的自由裁量权以及类案裁判的不确定性。在审判管理方面，应当说，上级法院对下级法院审判工作一定程度的宏观掌握是应有之义，非此不足以实现对辖区审判工作的组织、协调。然而，由于当前我国上下级法院间审判管理模式还不够科学，上级法院在对下级法院的质量评查、质效评估和考核中，难免采取直接的管控措施，并将自身的政策性偏好传递到下级法院的审判工作中，如加大“调解撤诉率”在评估考核中的权重，就自然能控制下级法院法官极力将案件引向调解或撤诉，甚至采取不恰当的措施来实现。

（二）以行政性干预实现权力管控

理论上，在有明确法律规定的情况下，下级法院应当严格依法裁判；在法律没有规定的情况下，下级法院应当根据现有法律所蕴含的立法精神和公平正义的基本原则独立作出裁判。

当然，下级法院的审判权并不是绝对的，需要接受上级法院的监督和管控。但是，上级法院对下级法院的强制性监督只能通过法定审级制度来实现，如案件提起上诉后，原审法院的上级法院可以“无视”下级法院的态度，在上诉审中对案件作出新的裁判，这种管控是典型的“司法性”管控。而在我国上下级法院审判指导和审判管理的互动中，情况则完全不同。单一制国家上下级行政机关之间是一种命令与服从的关系，在审判指导和审判管理中，上级法院正是采取了这样的方式来实现对下级法院审判权的管控。对于最高人民法院来说，由于“规定”类司法解释的存在，可以较为便利地将审判工作中的指示、命令以司法解释的形式表达，进而要求全国各级法院均

① 张千帆编：《宪法学导论》，法律出版社2004年版，第385—386页。

遵照执行,而各类规范性文件,也正是通过逐级传达和提出指示要求来确保得到执行,进一步加重了当前上下级法院在审判工作中的行政化倾向。事实上,这一问题已经引起了最高国家权力机关的重视。2015 年修改后的《立法法》第 104 条规定:最高人民法院、最高人民检察院作出的属于审判、检察工作中具体应用法律的解释,应当主要针对具体的法律条文。对于高级人民法院和中级人民法院来说,他们除了制定与最高人民法院规范性文件类似的各类指导性文件以外,还掌握着辖区法院审判质效的日常评估和管理权力,通过对行政化的排名、通报表扬、通报批评等方式,实现对下级法院审判权的宏观管控。

（三）程序参与性的欠缺

诉讼程序的精髓在于法官在充分听取并考虑当事人的举证和意见基础上,依法作出公正的裁判。“人们期待法官是在立足于现实情况的基础上找到某种客观的准则来解决纠纷。这样的准则只能通过当事人双方积极地提出主张和证据……来逐渐形成并获得客观性。”①《四五改革纲要》也提出:要“强化诉讼过程中当事人和其他诉讼参与人的知情权、陈述权、辩护辩论权的制度保障”。然而,在上下级法院审判指导的实施与反馈中,审判法官在上级法院要求和本院行政领导的监督下,遵从上级法院文件或执法口径的规定对案件作出裁判,从而形成了一个只在不同层级法院以及某一法院内部流转的“闭环”。这虽然在一定程度上解决了法律、司法解释规定不明时法官如何裁判的问题,但整个适用过程是“隐性”的,并没有公众乃至当事人的参与空间,显然不利于诉讼过程中程序正义和当事人诉讼权利的保障。在上下级法院的审判管理中同样如此,案件公正审判的核心在于各方当事人在法官的主持下进行的诉讼程序,而在审判管理中,无论是上级法院对下级法院审判质效的评估,还是对下级法院审判质量的评查,都没有涉及当事人参与评价和发表意见的“程序接口”,这样的审判管理方式显然造成了司法程序中重要一方的缺位,一定程度地加剧了法院系统的“内部评价”与当事人和公众的“社会评价”之间的严重差异。

三、司法政务管理关系:全面“领导化”

法院的司法政务工作纷繁复杂,涉及面广,对法院系统的顺利运行和审判职能的正常发挥影响巨大。从宪法和法律本身的规定来看,法院的干部和法官由相应的人大选举或任免,法院的经费主要由同级政府保障,上下级

---

① ［日］谷口安平:《程序的正义与诉讼》,王亚新等译,中国政法大学出版社 1996 年版,第 21 页。

法院间的司法政务工作并无明显的关联。然而，在实践中，上下级法院在司法政务方面形成了非常紧密的联系，并对上下级法院的审判工作、审判指导、审判管理，乃至整个上下级法院架构产生重要影响。通过对下级法院司法政务关系的重点考察和解析，可以看出，我国上级法院对下级法院司法政务的影响具有以下几个方面的特征：

第一，上级法院对下级法院影响的覆盖性。如前所述，法院的司法政务管理涉及法院工作的各个方面，类型和领域非常繁多。然而，在上下级法院关系中，上级法院对下级法院司法政务工作的影响，除了涉及人事管理、队伍建设、后勤装备、综合事务等重点内容，同样涉及法院的信息情况报告、调研事务管理、法制宣传、档案管理等其他方面，通过上级法院对下级法院司法政务工作的领导、监督、管理、协调，其影响力几乎覆盖了下级法院司法政务的各个方面。

第二，上级法院对下级法院影响的非程序性。与上下级法院审判工作关系遵循较为严格的程序相比，我国的上下级法院间的司法政务关系中，程序性和非程序性并存，特别是程序性管理的异化以及非程序性管理的日益扩张。现实中，由于我国上下级法院的司法政务关系呈现出很浓的行政化色彩，加之上下级法院间司法政务管理工作有关的法律、司法解释、规范性文件尚不全面细致，原本应当依据程序而进行的指导、监督关系更多地体现为上级法院的命令、指挥或者影响力。这使得我国上下级法院的司法政务关系被内在地融入了权威等级，其顺利运行有赖于上级法院的指示控制，也导致了上级法院司法政务管理权监督控制不足的风险。

第三，上级法院对下级法院影响的统领性。由于历史传统和政治体制的原因，我国的上下级法院关系呈现的是一个将司法依赖性与独立性混同在一起的奇特微妙混合体，并且，在这一混合物中依赖性在最终意义上是处于强化和支配地位的。①如果说，在上下级法院的审级关系中还有较强的相互独立属性，那么，在司法政务关系中，下级法院并没有独立于上级法院的职权空间，而是在上级法院的统领下完成。随着上级法院对下级法院人事任免、考核管理中的影响力逐步增强，以及地方法院人财物省级统管改革的推进，这种影响力也随之扩展到司法政务管理中的其他方面。

第四，上级法院对下级法院影响的强制性。如前所述，在上下级法院的司法政务工作中，除纪检监察、警务管理等少数领域外，法律、法规乃至法院内部的规范性文件并未明确上级法院对下级法院具有领导、监督的职权。

---

① 参见杜豫苏：《上下级法院审判业务关系研究》，北京大学出版社 2015 年版，第 153—155 页。

然而,在法院运行实践中,上级法院针对下级法院的司法政务工作,往往是直接发出指示、命令,并多以强制性表述作为具体要求,不断加大监督管理力度。如在上海市高级人民法院针对下级法院的相关工作通知中,大多是以"对落实不力造成不良后果的,严肃追究责任"、"接受全面检查"等强制性规范来加以保障和推进的。由于上下级法院关系中上级法院具有相当的权威性,并在人事管理等方面掌握绝对的优势资源,上级法院的这种强制性命令绝大多数被下级法院在实践中接受和遵从。

总之,从我国《宪法》的基本架构来看,具有上下级联系的国家机关之间关系无外乎领导和监督两种。对于上下级法院间的审判工作,法律已经明确为监督关系,而除此之外的司法政务管理关系,法律上并未明确。一般认为,"监督"和"领导"最大的差别在于:"领导关系中是首长负责制,领导者是主体,被领导者是相对被动的,仅仅拥有领导者命令、指示或指定范围内的狭小的自主权"。①领导权包含监督权,但其权限范围要远超过监督。从当前法院系统的实践的情况来看,上级法院与下级法院的司法政务工作关系完全超越了一般的监督和协调的范围。除了廉政监察、司法警务等明确规定为领导关系,在人事管理、队伍建设、后勤保障以及涉及整体运行的综合事务方面,上级法院对下级法院进行指挥、命令、检查、评比、考核,下级法院大多也给予认可并接受。可以说,高级人民法院与下级法院之间司法政务工作关系表现出明显和全面的领导与被领导关系。

第二节　上下级法院关系现实状况与宪法设定的冲突

如前所述,在国家法治框架下,《宪法》的规范与精神是评判我国上下级法院关系现状的最终标准。由于上下级法院关系在实际运行中的部分异化,导致当前上下级法院关系中领导和控制要素被不断强化,很容易与宪法所设定的权力架构以及所要求的审级独立等内容相冲突。这些与《宪法》设定相冲突的内容,就是我们未来改革的顶层设计所要重点关注的内容,也是上下级法院关系在具体制度变革中的关键所在。

一、与上级法院"监督"下级法院的关系定位的冲突

根据宪法和法律的规定,上级法院在上诉案件中可以对下级法院裁判

① 王洪坚:《上下级法院业务关系:从单向监督到双向制约》,载万鄂湘主编:《审判权运行与行政法适用问题研究》,人民法院出版社2011年版,第106页。

作出改判或发回重审，对已经生效但确有错误的下级法院裁判提起再审，从而对下级法院裁判形成一定的控制力。当然，这种控制必须在法定条件下，遵循法定程序才能实施，故受到较大程度的限制。但在上级法院实现审判的个案层面压制、宏观层面管控以及司法政务趋向全面领导的情况下，特别是下级法院的业绩考核和人事任免在很大程度上体现了上级法院意志的情况下，这种控制力就被大大加强了。一个实例说明了这一情形：某月15日，高级人民法院院长收到省委某领导批转来的一份“材料”，反映L市中级人民法院在南方厂破产案件审理中，错误执行C市招商银行3 000万元的情况。16日，高级人民法院院长要求执行局局长、民三庭庭长负责调查核实C市招商银行反映的情况，若有错误，立即纠正。当日，高级人民法院相关职能部门通知L市中级人民法院来汇报。17日，L市中级人民法院副院长及相关法官到高级人民法院口头汇报案件情况。高级人民法院执行局局长和民三庭庭长要求，L市中级人民法院审判委员会再作认真研究，并向高级人民法院作出书面汇报。26日，L市中级人民法院提交了书面汇报，其审委会研究结果出现两种相反意见，并报请高级人民法院决定。高级人民法院职能部门电话通知将案件全部卷宗材料送至高级人民法院，对案件进行查阅和研究。高级人民法院研究认为，C市招商银行反映情况部分属实，L市中级人民法院在破产程序中，不应当执行C市招商银行的3 000万元，并通知L市中级人民法院自行裁定纠正，报告高级人民法院其纠正的结果。①在这一事例中，高级人民法院通过非程序性的督导，完成了一次下级法院案件裁判的纠正，反映了上级法院对下级法院审判工作的实际控制力。高级人民法院院长和职能部门负责人基于其省级法院“领导”地位，具有通过非程序方式控制下级法院审判工作的能力。事实上，上述例子并非少见，而是已经形成一种非正式制度的领导辖区司法的重要方式。这种强大的控制力同时还构成了下级法院主动向上级法院请示、汇报案件处理方案的背后诱因，这样的状态显然与宪法所设定的“上级法院监督下级法院审判工作”以及审级独立的原则相背离，不利于法院系统审级功能的有效发挥。

二、与法院作为“国家审判机关”性质的冲突

《宪法》第128条规定：“中华人民共和国人民法院是国家的审判机关。”这一规定明确了法院的基本性质定位，也指出了法院所要履行的“审判”职责。随着近年来法院办理案件数量的不断攀升和社会对司法服务要求的不

---

① 参见赖波军：《司法运作与国家治理的嬗变——基于对四川省级地方法院的考察》，北京大学出版社2015年版，第264—265页。

断提高,法院“案多人少”的矛盾日益突出,公正高效处理案件的难度也随之大幅增加,法院和法官都承受着很大的审判工作压力。然而,在上下级法院实际的联系与互动中,存在大量的审判指导、审判管理和司法政务管理等非审判事务,并且在这些非审判工作关系中,还有日益“行政化”、“领导化”的发展趋势,导致上级法院需要承担起对下级法院的组织、管理职责,下级法院则必须花费大量的时间和精力,认真地完成上级法院交办的司法政务方面的工作任务,接受上级法院的管理监督,积极参加上级法院组织的各类评比、检查、考核,努力赢得上级法院对其相关工作的认可。甚至有法院反映,其综合部门三分之一的工作量是应对上级法院工作要求的。

为了完成这些任务,无论是层级较高的法院还是层级较低的法院,其内部一般都要设有审判管理、政工、纪检、后勤装备等一系列机构,并保持较多的人力、物力资源配置,挤占大量的司法资源。而这些非审判工作关系的运行,虽然对法院的正常履职有一定的保障和支持作用,但不属于宪法所规定的法院的职责范围,不符合法院作为“国家审判机关”的基本定位。在“案多人少”矛盾突出、审判工作持续增加的情况下,上下级法院“领导化”的管理、监督关系,进一步增加了法院的工作量。这不仅冲淡了法院最核心的审判职能,而且也在实践中导致了法院从事综合管理的人员比例始终较大的现象。虽然本轮司法改革将推进法院人员分类管理改革作为一项重要的举措加以推进,但只要上下级法院关系的基本状况没有实质性改善,将绝大部分司法资源配置到审判一线的目标就无法真正得到实现。

三、与宪法有关国家机关“权力架构”的冲突

根据权力的架构形式,社会中的组织体大致可以分为两种类型:科层式和协作式。对于这两种类型组织体的识别,一是按照官员们所处的权力状态,即处在一个严格的上下级关系网络中,还是所有的权力主体均匀地分布在一个平面上进行判断;二是看组织体依照专门的“技术化”标准,还是未经辨析的社会规范作出决策进行判断。①我国宪法对上下级法院权力的架构有两个基本点:一是《宪法》第3条规定:审判机关由人民代表大会产生,对它负责,受它监督。人民代表大会制是我国的根本政治制度,下级法院需要向产生它的人民代表大会负责,而不是向上级法院负责。二是《宪法》第132条规定上级法院是监督下级法院审判工作,相互间并无领导与被领导的关系设置。由此可以看出,宪法将我国上下级法院的权力架构设定为“协作

---

① 参见[美]达玛斯卡:《司法和国家权力的多种面孔》,郑戈译,中国政法大学出版社2004年版,第24—25页。

式”关系，上级法院虽然具有案件审判上的约束力，但下级法院仍保留了自由行使权力的空间和有条件的最终决定权。上下级法院在长期实践中所形成的司法政务工作中日趋“领导化”的关系，下级法院特别是下级法院领导干部为了自身的工作业绩，往往会积极迎合上级法院的意愿，上级法院也逐步形成了自己拥有“领导权”的内心确信，并延伸到审判工作领域，导致实践中上下级法院权力架构逐步向“科层式”转变，让宪法和法律关于法院权力架构的原有设定趋于消失。

四、与宪法“独立审判”原则的冲突

长期以来，法院的地方化问题受到广泛关注。有关司法地方化，一个得到普遍认可的观点是：“法院资金由地方财政供给，法院的人员编制更是由地方机构编制部门来核定，使得法院在审理涉及地方利益的案件时有可能受到有处分权的机构的压力”。①但是，上下级法院特别是上下级法院司法政务关系中留下的干预空间则较少引起关注。如前所述，近年来，法院系统的领导干部任免主导权已经逐渐从同级党委政府转移到上级法院，法院的工作业绩需要上级法院来认可，法院的财务装备等工作也要接受上级法院的管理和监督，特别是在当前推进人财物“省级统管”的情况下，原先由同级党委政府承担的很多管理职责将更多地转移到上级法院。在上级法院对下级法院的政务管控和审级监督的双重压力下，我们并没有充分的理由相信，上级法院的少数领导干部不会像地方政府官员一样，在法定程序之外对下级法院审判工作施加不恰当的干预。同时，“控制一个院长就等于控制了一个法院，上级法院对下级法院法官的层层任命，必然导致各种科层体制现象的出现。”②上下级法院“领导化”的司法政务关系也会对下级法院内部产生影响，其行政化的指令、管理在下级法院内部同样需要层级性组织予以落实，客观上加剧了下级法院内部院、庭长等领导对普通法官的管理和控制程度，同样为法院内部的行政性干预留下空间。

第三节　上下级法院关系状况的实际影响

当前，我国法院内部虽然有审判业务部门和综合业务部门的区分，但审

---

① 孔祥林：《影响司法公正的制度性缺陷分析》，《唯实》2000年第3期。

② 许尚豪：《上诉审纠错功能的法律思考——以法院层级关系为分析视角》，《河北法学》2008年第4期。

判工作和审判管理、司法政务管理在制度上和操作上都没有明确的界分,而是相互影响、相互交融,并在一定程度上统一于法院"领导班子",甚至是院长的意志和职权。在这种情况下,上下级法院各项工作的互动和影响,自然也不会仅仅局限于相关工作本身,而是会对上下级法院关系的其他方面产生"辐射",甚至对法院系统的整体架构和职责履行产生实际影响。总结、分析上下级法院关系现状的影响,对于科学的路径设计和改革的有效推进具有重要意义。

一、上下级法院审判工作关系的影响

在《宪法》第 132 条的视域下,上下级法院间审判工作关系应当遵循以下几点要求:一是以审级独立为前提。如前所述,《宪法》所规定的人民法院依照法律独立行使审判权不仅要求法院系统独立于外部主体,也要求在法院系统内部,上下级法院保持审级间的相对独立;二是监督下级法院正确适用法律。人民法院行使审判权的核心在于正确适用法律。上级法院监督下级法院的审判工作,就是要督促下级法院正确适用法律、作出公正裁判;三是坚持有限监督。上级法院对下级法院的监督途径,联系《宪法》、《人民法院组织法》和"三大诉讼法"的相关规定来看,只能通过审级制度或审判监督程序来进行,而且这种监督途径均应当通过个案的、事后的方式依照法定程序进行;①四是实现有效监督。上级法院负有监督下级法院审判工作的法定职责,必须在法律授权范围内,积极采取措施,有效监督。本书将根据这样几个要求,对照我国当前上下级法院间审判工作关系的具体情形,进行相应的实践检视和理论反思。

当上下级法院审判工作关系广泛地通过法定程序之外的渠道发生、上级法院对既有监督权力被不恰当地使用,以及上级法院致力于通过审级监督加强对下级法院审判权的控制时,宪法所确定的"上级法院监督下级法院审判工作"的内在精神与现实状况发生了较大的偏移。这种偏移不仅是形式上的宪法实施问题,而且更是对国家司法制度的正常运行产生了实实在在的影响。

(一) 影响审级独立

如前所述,宪法所规定的法院独立行使审判权也包括法院系统内部的相对独立。在我国上下级法院的审级监督中,由于上下级法院间的行政化关系以及上级法院作为二审审查者的角色,无论是其作出的案件请示答复,还是在发回重审后附带的内部指示函,在实践中大多被下级法院严格执行,

① 参见刘学在:《上下级法院间的应然关系之理性回归》,《中国审判》2011 年第 3 期。

成为下级法院以自己名义作出裁判的主要内容。对下级法院再审案件或尚未审理的案件作出指示，显然违背了审级制度和审级独立的原则要求，使一审、二审甚至可能存在的再审都“合而为一”，提前确定了结果，下级法院也毫无独立性可言。上级法院恣意地发回重审和频繁地启动再审同样损害了上下级法院之间审级独立。虽然上级法院有发回重审和启动再审的法定职权，但不同层级的法院在履行宪法和法律赋予的审判权上具有同样的权威，作出的裁判应当得到包括国家机关、社会组织和个人的充分尊重，非经法定特殊程序和条件不得否定。然而，由于实践中关于应否发回重审以及“错案”界定标准是模糊的和不确定的，不适当的发回重审或再审决定，甚至是以“纠错”为名而行“自益”之实的决定，导致下级法院的审判权受到侵害。在审级监督框架内的案件管辖权转移，虽然也是上级法院正常的监督权力，但由于现有法律的不完善，给予了上级法院过大的自由裁量权，导致下级法院在一些情况下被不合理地剥夺了法律本已授予的管辖权，同样是对下级法院完整的审判权和审级独立的侵害。

（二）影响上级法院监督功能的有效发挥

从表面上看，上级法院通过请示答复、发回重审、启动再审、指定管辖等方式不断强化对下级法院审判工作的控制，能够有效监督下级法院公正审判。然而，由于程序的非正常运行以及非程序性监督，反而导致上级法院监督功能的发挥受到负面影响。一是案件汇报请示并不能真正发挥监督下级法院正确适用法律的功能。除了有损害审级独立的消极影响外，案件请示汇报制度在“正面功能”方面也存在着较大的“误判”风险。在案件请示中，上级法院没有实际参与到案件审理过程中去，其对案情的把握是不全面、不深入的。所以，上级法院处理意见的基础是不坚实的，其正确性缺乏有效的保障。①相应地，上级法院也很难依靠对请示案件的答复来实现对下级法院审判工作的有效监督。二是过度的再审对正常审级监督制度产生破坏。对生效裁判频繁启动再审，使得在诉讼法所规定的二审终审之外，又出现了一个“准常规”的再审程序，这“必然动摇二审终审制度，使国家通过诉讼制度强制性解决纠纷的目的难以实现。”②在这种情况下，一般应当由二审法院承担的最终的审级监督责任就被冲淡了，二审法院对审判质量进行“把关”的责任感往往在上级法院是否启动重审的不确定性中逐步被消解。三是现有的上下级法院级别管辖分工不利于上级法院的有效监督。在现有体制下，

---

① 参见李华：《案件报送请示制度剖析》，《法学》1997 年第 2 期。

② 林文学：《加强申请再审审查工作，减少申诉信访问题的思考》，《人民司法》2012 年第 3 期。

一些争议标的金额不大,但有法律意义或法律价值的案件无法上诉到高级人民法院以及最高人民法院。而需要付出很多精力审查事实问题的上诉案件和申诉案件又会大量地涌入。在这种情况下,最高人民法院终审的大多是标的额大的案件,大多数不具有较高的统一法律适用或明确的裁判规则价值。最高人民法院在大量的简单案件以及其他事务中疲惫不堪,无法集中考虑重大法律问题,更无力兼顾最高人民法院内部的一致性。高级人民法院同样因需要处理大量的事实性问题的案件而变成典型的"办案法院"。这样的制度架构显然不利于有效发挥上级法院,特别是最高人民法院以及高级人民法院的政策性功能。

(三)影响下级法院司法权威

"定分止争"是司法的内在价值,通过审判形成一个具有最终意义的结果是诉讼程序的基本构成要素。如贝勒斯所言:"如果人们诉诸法律程序来解决争端,那么争端必须能够在某一程序环节上最终解决,否则求助于法律程序便毫无意义。"[①]在案件审判中,发回重审和再审程序一旦启动,案件就有可能重新在一审、二审法院之间往回。尽管发回重审和再审有其正当性依据,但却不应当是一项频繁发生的普通复审制度,而是"在绝大多数情况下,应当备而不用"。[②]因为一旦上级法院决定发回重审或再审,都是对下级法院裁判公正性非常严重的怀疑,并由此导致已经被下级法院生效裁判所固定的当事人之间权利义务关系再次处于不稳定状态。因此,发回重审和启动再审的制度设计必须符合必要性、适度性要求,否则,会影响下级法院的司法权威,并最终让整个司法体系的公信力进一步降低。此外,我国现有的上下级法院审判工作关系中存在的汇报请示和发回重审函等非程序性互动,使得下级法院在案件裁判中听命于上级法院,失去了应有的独立、公正的立场,也导致案件当事人和公众失去对下级法院的信任,甚至放弃下级法院的审判程序转而求助于上诉、再审甚至是信访程序,这也在客观上造成了下级法院司法公信力和司法权威的降低。

二、上下级法院非审判工作关系的影响

在非审判工作工作关系中,上级法院发挥着对下级法院统一管理、协调、监督和指导作用,并集中体现在审判指导、审判管理和司法政务管理三个方面。通过对上下级法院非审判工作关系的梳理和分析,我们可以发现

---

① Michael D. Bayles. Principles of Law: A Normative Analysis. Boston: D. Reidel Publishing Company, 1987, p.56.

② 陈卫东主编:《模范刑事诉讼法典》,中国人民大学出版社2005年版,第32页。

其对上下级法院间的审级独立、保障下级法院依法独立公正行使审判权，以及下级法院的自我完善等方面都具有一定的负面影响。

（一）干扰下级法院依法独立审判

在执行法律、对法律负责的问题上，最高人民法院和各下级人民法院是一律平等的，不存在下级无条件服从上级的问题。①上级法院有权依照法定程序改变下级法院的裁判结果，但这并不意味着下级法院在上级法院面前失去独立性。相反，下级法院只有坚持依法独立审判，才是对法律规范和法治精神的遵从，上级法院也只能在法定程序内和符合法定要件的情况下改变下级法院的裁判。

然而，在上下级法院的审判指导和审判管理关系中，下级法院对某类案件如何裁判，除了要适用法律，还需要遵从上级法院的指导意见，而上级法院的改判、发回重审、提起再审不再是一个单纯的程序存在，而是具有了评价下级法院工作的重要意义。在审判指导、审判管理的压力下，在上级法院掌握下级法院人事政务主导权的情况下，下级法院和法官不得不把更多的注意力放在预判上级法院的裁判结果上，并积极向上级法院进行个案请示、努力与上级法院"搞好关系"，或者严格按照上级法院的意愿裁判案件，从而导致自身独立性的丧失。同时，作为审判管理中重要举措的绩效考评，并不是仅仅以法官是否存在故意违法裁判或专业上的重大过失作为标准，而是通过是否被上级法院改判发回或非程序性的案件评查加以确定。这样的非审判工作关系"明显有干预法官依法独立审判之虞，使法官在审理案件中有过多的顾虑而不敢大胆独立地进行自由裁量，从而使审判解决纠纷的能力大打折扣，影响审判公正"，②不符合上下级法院间的审级独立要求。

（二）增加上下级法院审判工作关系中的行政化因素

行政化管理的主要特点就是首长负责制，通过科层制管理实现协调一致和令行禁止。审判指导、审判管理和司法政务管理的持续发展，从根本上改变了传统的上级法院对下级法院较为粗放的管理、监督方式。

在审判指导关系中，最高人民法院通过上下级法院之间管理和控制模式，确保其规范性文件等审判指导意见可以逐级传递到全国任何一个基层人民法院，而从某一个法院接收文件到该法院的每一个法官在具体裁判中加以落实，则是主要依靠上级法院的命令、部署以及法院内部院长、庭长等

① 参见张卫平：《论我国法院体制的非行政化——法院体制改革的一种基本思路》，《法商研究》2000 年第 3 期。

② 钟小凯：《审判管理：从压制型向回应型转变》，《人民司法》2012 年第 23 期。

行政领导的监督和指令。高级人民法院和中级人民法院的审判指导也遵循同样的模式，其指导意见的落实并不需要以案件被改判发回或提起再审等审级监督方式加以保障，仅凭上级法院行政化的权威即可要求下级法院遵照执行。由此，在上级法院的审判指导过程中，不仅使得上下级法院间的行政化关系得到应用和强化，也进一步加剧了下级法院审判权运行的“行政化”、“层级化”状况，让“审者不判、判者不审”、“审与判分离”问题更加突出。

在审判管理关系中，“案件质效评估与司法绩效考核联姻后的指挥棒效应，既加剧审级关系行政化，又将审级关系的行政化转嫁至一个法院内部形成层级管理的高度行政化”。[①]由于审判管理所涉及的对象——审判工作本身具有其特殊的运行规律，内在地要求依法独立进行裁判，进而对“命令—服从”的行政化管理具有天然的敏感性。虽然上级法院在审判管理中避免直接对下级法院审判工作发出命令，但由于管理者所掌握的权力资源，“意见”与“命令”的区别往往并不明显，导致下级法院的审判工作开展直接受到上级法院意愿的影响，上下级法院间审判工作关系的行政化因素也因此被进一步强化。

在司法政务管理关系中，上级法院通过自我授权等方式，直接掌握了行政化的领导权力，通过对法院系统司法政务工作“垂直管理”方式的运用和强化，形成了完全“行政化”的政务管理机制。在司法政务管理与审判工作等其他事项相互交叉的情况下，又影响到上下级法院间的其他工作，特别是审判工作关系状况，增加其行政化因素。

（三）妨碍下级法院在公正审判和自我管理中的完善

在一个高度集权化的审判指导、审判管理和司法政务管理体系中，下级法院法官遇到法律适用难题时，往往消极等待上级法院的指导，而不是依靠自身的专业素养和内心良知创造性地适用法律。在司法政务管理中则是被动地接受和执行上级法院的指示、命令。久而久之，“一个缺乏自主精神、缺乏道德力量、依赖感强、遇事互相推诿、不愿意承担责任、工作质量低下的司法群体就会形成”，[②]甚至就此形成整个法院系统的路径依赖。事实上，“法律是一门艺术，应当允许并鼓励法官特别是底层级法院法官根据自己对法律的诚挚感情和理性职业素养来理解和适用法律”。[③]成文法内在地具有灵

① 重庆市高级人民法院课题组：《审判管理制度转型研究》，《中国法学》2014年第4期。

② 张建伟：《等级制与法官》，载苏泽林主编：《法官职业化建设指导与研究》，人民法院出版社2004年版，第54页。

③ 杜豫苏：《上下级法院审判业务关系研究》，北京大学出版社2015年版，第104页。

活性不足、难以实时适应社会需要的不足，而上级法院制定的规范性文件、作出的各类指导意见同样具有这一弊端，甚至因为其更为细致而远胜法律本身。一旦上级法院对不同类型案件如何具体适用法律都给出了详细的指导意见，也就意味着下级法院和法官根据不同情况和现实需要进行自由裁量的权力被完全挤压，难以作出最恰当、最公正的案件裁判。

此外，由于我国法院实际上的"首长负责制"，法院院长"一把手"的地位和作用相当突出，在领导班子中居于核心地位，并就整个法院工作向同级党委、人大以及上级法院负责。院长"监督管理"和"负全责"的工作特点要求考核奖惩上与法院整体绩效指标承担"连带责任"。[①]当法院院长自身的工作业绩和职级晋升与法院审判绩效直接相关，而法院整体审判绩效又主要由上级法院在审判管理和司法政务管理中加以评定时，法院院长自然会利用自己的职权，努力推动全院法官的行为方式向上级法院审判管理中所蕴含的目标和导向靠近。这既是上级法院的管理能够在下级法院具体审判工作中得以发挥作用的重要保障，也是当前管理措施异化的重要原因之一。下级法院在案件裁判、审判管理、政务管理科学化方面的种种努力，也很容易在这种追逐中被消解。

总之，在我国法院系统的运行实践中，上下级法院间在各领域的联系与互动使得上级法院对下级法院的实际控制力大大增强。由于我国法院系统的司法政务制度和审判制度依附于同一套运行机制中，在一个相互交叉的制度空间中运行，这两套制度极有可能被混淆。在这种情况下，"上级法院自觉不自觉地把自己当成下级法院的领导，可能利用人事任免、奖惩和行政事务上的权力控制、指挥、侵占下级法院的审判权"，法院系统有"垂直化"的倾向，《宪法》所要求法院应当具有的中立、独立、消极、被动和追求公正的价值目标就会因此而受到损害。在相关的制度改革中，也应当采取有针对性的措施，消除和避免上下级法院关系中的负面影响。

---

① 参见艾佳慧：《中国法院绩效考评制度研究——"同构性"和"双轨制"的逻辑及其问题》，《法制与社会发展》2008 年第 5 期。

第五章　我国上下级法院关系的合理定位

从我国上下级法院关系的实践检视来看，宪法所确定的“上级法院监督下级法院审判工作”的基本关系定位以及宪法法律所内含的“审级独立”原则并没有得到完全落实，并由此产生审级程序异化、当事人诉讼权利被架空等负面影响。在国家全面推进依法治国、积极开展司法改革的今天，我国上下级法院关系显然已经不适应法治发展的要求，亟须加以改革。然而，仅有改革的激情和动力还远远不够，我们还需要有一个明确而科学的改革目标。“如果根本不知道道路会导向何方，我们就不可能智慧地选择改革的路径。”①《宪法》第132条虽然作出了“上级法院监督下级法院审判工作”的原则性规定，但仅以此作为改革目标显然是不够细致，也不够全面的。我们需要在参考和借鉴法治发达国家和地区的既有经验，结合我国当下具体的改革条件和环境，在科学的理论指导下，审慎确定我国当前上下级法院关系的合理定位。

第一节　域外上下级法院关系的状况及借鉴

法治是人类文明的一项共同成果。虽然因为历史和国情不同，各个国家、地区都有着自己独特的政治和法律制度，但在法治建设和发展过程中仍然形成了不少共同的原则和经验，可供其他国家参考。上下级法院关系作为司法制度的重要内容，也已被不少国家，特别是法治相对发达的国家反复探索和完善。我国在改革和完善上下级法院关系过程中，理应在认真观察、思考的基础上，结合自身情况加以学习和借鉴。

一、域外上下级法院的设置及关系状况

（一）美国的法院设置及上下级法院关系

① ［美］本杰明·卡多佐：《司法过程的性质》，苏力译，商务印书馆1998年版，第63页。

1. 基本架构

在美国，由于其采取联邦制的国家结构形式，除了通过联邦宪法授予中央的权力外，各州还具有较大的自主权力。相应地，美国法院系统也分为联邦法院和州法院两种。美国《联邦宪法》第1条规定："美国联邦的司法权力应属于一个最高法院，以及由国会有权不时创办与建立的最高法院之下的法院。"联邦法院为普通法院和专门法院，专门法院包括破产法院、税务法院、国家贸易法院等，依法受理相关专门类型案件。普通法院则分为三级，从下向上分别是联邦地区法院、联邦上诉法院和联邦最高法院。"目前，联邦法院系统主要由94个联邦地区法院、12个联邦上诉法院和1个最高法院组成。"①

美国每个州都根据自己的州宪法建立了自己的法院体系，因而每个州的法院体系并不统一，但大多分为审判法院、上诉法院和州最高法院三个级别。"审判法院为州管辖案件的一般民、刑事案件的初审法院；上诉法院一般受理针对初审法院提出的上诉，但是，有一些案件可以直接上诉至州最高法院（例如，在某些州的当事人在收到死刑和终身监禁的判决后，可以直接上诉至州最高法院），州最高法院的判决是终审判决。"②联邦法院和州法院根据法律规定划分各自管辖的案件，并保持相互独立。因此，案件通常只在单一的联邦法院系统或州法院系统中被审理。在联邦法院提出起诉的案件几乎从来不离开联邦法院系统。"在某些情况下，在州法院系统提出起诉的案件有可能被转到联邦法院，但这种情况属于例外。"③

2. 审级关系

美国以人口数量、占地面积及诉讼量为依据，将全国50个州划分为若干司法管辖区域。至20世纪80年代，全美共划分了94个司法区，并设置联邦地区法院。联邦地区法院是联邦法院管辖案件的初审法院，当事人在初审法院判决后，有权向联邦上诉法院提起上诉，即只要当事人的上诉符合基本条件，联邦上诉法院就应当受理；而向联邦最高法院的上诉则属于许可性上诉，即联邦最高法院有权自主决定是否接受当事人的上诉，而联邦最高法院的主要考量因素是该上诉是否存在统一法律适用价值的法律问题。无论是联邦法院系统还是州法院系统，上诉法院和初审法院之间在职能上存在着

① 韩大元主编：《外国宪法》（第四版），中国人民大学出版社2015年版，第195页。

② ［美］艾伦·豪切斯泰勒·斯黛丽、南希·弗兰克：《美国刑事法院诉讼程序》，陈卫东等译，中国人民大学出版社2002年版，第45页。

③ 最高人民法院中国应用法学研究所编：《美英德法四国司法制度概况》，人民法院出版社2008年版，第15页。

明显的界分:上诉法院将听审法律问题,而不是事实问题,排除对新证据的审查,注重确保法律适用的准确以及法律适用的统一等问题,事实问题则留给一审法院处理。

在美国的上下级法院关系中,还存在一个重要的"审判指导"制度,即判例制度。美国属于英美法系,实行遵循先例的原则,法官的判决不仅适用于所判决的案件本身,上级法院作出的判决在下级法院审理同类案件时具有客观上的约束力,判例制度使得法官"造法"成为上级法院,特别是最高法院的一种重要权力,而对司法先例的严格遵循成为一种司法"惯习",使最高法院判例的形成本身就演化为一个法律规范的形成过程。①当然,只要有"明显的理由",先例在一定条件下也可能被改变。这些理由主要表现为社会发展的需要、经济发展的要求、政治发展的逻辑。如为推进种族平等,1954 年美国联邦最高法院在"布朗诉托皮卡教育委员会"案中就推翻了"普莱西诉弗格森"案所确立的"隔离但平等"原则。②

3. 政务管理关系

关于法院的政务管理,1870 年,美国成立了独立的联邦司法部负责联邦法院的司法政务,但是司法管理权的集中化受到了批评,直到 1939 年联邦法院行政管理局建立后,联邦法院才获得了自我管理的权力。美国联邦法院行政管理局由联邦最高法院首席大法官任命,负责全部联邦法院的日常运行,其工作范围包括管理人事、工资、器材与办公用品、收集信息及类似的活动。另外,国会还建立了联邦司法委员会和联邦司法中心。前者在总体上控制司法管理工作,主要包括法官编制以及向国会提交司法部门的预算等,该委员会由联邦最高法院首席大法官主管;而联邦司法中心负责法官和法院人员的培训工作、法院管理相关问题的研究工作,以及为其他机构提供必要的咨询和支持,该中心主任通常由联邦法官担任。可见,美国确保了法官对法院司法政务管理的参与性,是典型的由法院主导下的独立机构管理法院模式。③而各州法院系统的政务管理工作在相当长的时期内各不相同,但由于受到法院管理运动的影响,美国各州法院体制一个重要的变化是法院的重组和司法管理集中化的扩大,即"州级法院应当重组为统一的法院体制,在州首席大法官和州最高法院的监督下,在全州范围内实行法院的人财

---

① 参见[法]皮埃尔·布迪厄、[美]华康德:《实践与反思——反思社会学导引》,李猛、李康译,中央编译出版社 1998 年版,第 186—188 页。

② 参见韩大元主编:《外国宪法》(第四版),中国人民大学出版社 2015 年版,第 194 页。

③ 参见刘敬兵:《国外司法政务管理模式比较及对我国司法政务管理改革的启示》,载最高人民法院办公厅编:《司法政务管理与指导》,人民法院出版社 2010 年版,第 352—354 页。

物的统一管理”。[①]经过长期发展，目前，美国各州的法院管理和联邦法院系统的结构基本类似。

（二）德国的法院设置及上下级法院关系

1. 基本架构

“德国是由16个自治地方组成的联邦国家，并且在法院体系设立上遵循了分权和专业化原则，法院结构的体系十分复杂。”[②]在德国的法院体系中，联邦宪法法院享有最高的地位。联邦宪法法院既是一个政治机构，又是一个司法机构。联邦宪法法院发挥着重要的宪法监督职能：根据请求对其他法院的审判程序和法律适用是否侵害公民宪法上的基本权利进行判断，从而监督国内其他法院的裁判；根据请求，审查政府和行政管理机构的行政行为是否侵害了公民的宪法权利，从而监督行政机关；根据宪法诉愿或在其他案件中根据有关机关请求，审查法律是否违宪，从而监督立法机关，等等。作为一个司法机关，联邦宪法法院是联邦范围内的最高司法机构，它有权适用联邦基本法，宣布其他法院的判决无效。同时，通过适用基本法，它所作出的宪法解释或判例就构成了德国宪法性法律的一个重要组成部分。[③]

在联邦宪法法院之下，德国的法院体系可以作横向和纵向的区分。在横向上，德国分为五大司法管辖区：普通司法管辖区、劳工司法管辖区、行政司法管辖区、社会法院司法管辖区和税务司法管辖区。每一个司法管辖区都有一个联邦法院作为该管辖区内的终审法院，其职责为确保法律的解释具有统一性，并作为州级法院的上诉法院。在纵向上，德国专门法院由初审法院（地区法院）、州上诉法院和联邦最高法院组成，而普通司法管辖区则由地方法院、地区法院、高等上诉法院和联邦最高法院组成，实行四级三审制。与美国各州形成独立司法体系不同，德国是由联邦法院和州法院共同组成的完整的法院系统。

2. 审级关系

关于审级监督，德国法院的上诉审主要分为两种：一是第一次上诉，上级法院对案件的法律问题和案情进行全面审查。在此类程序中，初审法院几乎全部的案件记录均提交至上诉法院，上诉法院重新审查法院记录，并可以接受新的证据；二是第二次上诉，上诉法院仅对法律问题进行审查。在这

---

① See Henry R. Glick, innovation in state judicial administration: effects on court management and organization, American politics research, 1981(9).

② 宋冰：《读本：美国和德国的司法制度及司法程序》，中国政法大学出版社1999年版，第23页。

③ 参见韩大元主编：《外国宪法》（第四版），中国人民大学出版社2015年版，第109页。

一程序中,上级法院完全基于低一级法院的记录,而且仅限于关注具体的法律问题。应当指出的是,德国二审的全面审查绝非初审的重复,其接受新证据、新事实的权力要受当事人意愿的制约,并受到诉讼费用和证明责任分配的有效制约,从而使得事实问题的审查集中于初审,维护了审级结构的基本平衡。①同时,其法律解释的权力亦受到再次上诉的制约,减少了单向监督机制下可能存在的权力滥用。需要说明的是,在常规的上诉程序之外,当事人还有权向联邦宪法法院申请救济。根据《基本法》第93条第1款规定:任何公民或法人对于任何法律或国家机关行为都有进行合宪性挑战的权利。据此,联邦宪法法院可以根据上诉申请,对其他法院的审判程序和裁判结果是否损害了公民在宪法上享有的基本权利进行审判。当然,所有这些审查必须依据基本法进行,如果证明其他法院裁判没有违反宪法,联邦宪法法院就无权改变任何终审裁判。此外,根据规定,公民或法人必须在用尽一切可能的手段而得不到救济的情况下,联邦宪法法院才会受理案件。

在德国法院的裁判中,判例法不是传统的德国法律的正式来源,理论上,法官可以完全自由地按每一起案件的是非和自己对法律的理解作出裁判,但实际上,上级法院的判例在下级法院受到很大程度的尊重。一方面,联邦宪法法院的判决是具有约束力的法律;另一方面,德国下级法院一般都仔细研究上级法院的判决,尽可能保持判决的一致性,上级法院"法官造法"在实际中发挥的作用超出传统大陆法系理论上所允许的范围。②与美国不同,德国的法院系统更像一个等级化的有组织的行政机构,与高层级的法院部门相对协调一致并保持密切联系,也就成为一种事实化的状态。但是,德国仍然尊崇独立审判原则,并在宪法上加以确认和保障。德国《基本法》第97条规定:法官应该独立,而且只能受法律制约。第101条规定:没有任何人能够解除一名法定法官对他的司法管辖权。"如果将独立的概念限制在一个极其狭窄的范围内,及具体案件判决的做出没有受到任何直接的外部干预这一范围内,那么欧洲国家的法院从本质上是独立的。"③

3. 政务管理关系

德国法院的行政事务主要由司法部负责,法院在外部管理方面没有独

① 参见最高人民法院中国应用法学研究所编:《美英德法四国司法制度概况》,人民法院出版社2008年版,第331—332页。

② 参见最高人民法院中国应用法学研究所编:《美英德法四国司法制度概况》,人民法院出版社2008年版,第306页。

③ [美]马丁·夏皮罗:《法院:比较法上和政治学上的分析》,张生、李彤译,中国政法大学出版社2005年版,第219页。

立性。司法部分为联邦和州两级司法部,德国大部分州的司法部部长负责多数法院的行政管理工作。“德国的司法行政部门虽然管理了大量的司法行政工作,但他们以保障司法独立为己任,很少出现利用职权干涉审判独立的事件(实际上,受宪政体制和以保障司法独立为宗旨的具体制度设计的制约,司法行政部门不能也不敢干预司法独立,尤其是审判独立)。司法行政部门的公务人员(包括检察官)与法官一道形成了法律职业共同体,共同维护法律的尊严。”①在这种情况下,德国上下级法院间也就不存在司法政务管理关系,故保障了德国上下级法院之间的相对独立地位。

为充分保障法院和法官的独立地位,德国对法官的管理和惩戒作出了限制性规定。如德国《基本法》第 97 条规定:法官在任期届满前,只能在依据法律规定的理由和方式作出司法裁判后,方可违背其本人意愿予以免职,或予以长期或暂时停职、调职或令其退职。第 98 条规定:法官弹劾案由联邦宪法法院裁判。联邦法官在履行公务时,或者在履行公务之外违反基本法原则或州宪法秩序的,联邦宪法法院可根据联邦议会的请求,以三分之二多数命令将该法官调任其他职务或令其退休。属故意违法的,可予以免职。

(三)法国的法院设置及上下级法院关系

1. 基本架构

法国是单一制国家,法院由全国统一设置。法国法院体系的独特之处体现在其具有两套互相独立的法院系统,即行政法院系统和普通法院系统共存。两套法院系统互相独立,并各自对其管辖的案件享有完整的判决权力。

“法国的普通法院系统由基层法院、上诉法院和最高法院组成。基层法院由初审法庭、大审法庭、专门法庭、警察法庭、轻罪法庭等组成。与上诉法院平行的还有重罪法庭和国家安全法庭。”②最高法院下设上诉法院,负责审理不服下级法院裁决的上诉案件。上诉法院以下的法院基本可划分为民事和刑事两大体系。其中,民事一审法院包括大审法庭、初审法庭、商业法庭、劳资协调委员会、社会保险事务法庭等,刑事一审法院包括警察法庭、轻罪法庭和重罪法庭。

法国的行政法院系统则由行政初审法院、行政上诉法院和最高行政法院组成,负责受理有关公务人员身份、行政合同的案件以及普通行政纠纷。行政法院按照其管辖争议范围不同,又可以分为专门行政法院和普通行政

---

① 梁三利:《法院管理模式研究》,南京理工大学博士学位论文,2008 年,第 49 页。

② 王公义主编:《中外司法体制比较研究》,法律出版社 2013 年版,第 76 页。

法院。前者只针对特定的行政事项有管辖权，如财政和预算纪律法院、审计法院等，后者则管辖不属于专门行政法院管辖的其他行政争议。在最高行政法院之下，法国设置了5个行政上诉法院，主要接收不服下级行政法庭判决的上诉案件。法国本土共设置25个行政初审法院（也称为行政法庭），直接受理有关行政机关及公务人员行政行为的案件。①

2. 审级关系

法国的普通法院体系原则上采取“三级两审”制，个别情况下，最高法院作为第三审级法院可以接受上诉案件。在普通法院体系中，法国上诉法院在民事审判中一般不接收新的主张和新提交的证据，但在针对重罪的刑事诉讼中，第二审程序采取复审制，即不受初审裁判的约束，重新对案件进行审理。采取民事和刑事相区分的二审模式，主要是因为刑事裁判对当事人的权益影响巨大，第二审程序又是唯一的上诉程序，为了保障司法裁判的正确性，法院需要更加谨慎，也需要为被告人提供更加全面的救济。“最高法院设有民事审判庭和刑事审判庭，它审理案件只复议适用法律问题，不审理事实。经审理如认为下级法院的判决没有错误，就作维持原判处理。如果认为原判不当，可将原判决撤销，但不另行判决，而是将原案和最高法院就此案作出的法律解释一并送至与原审判法庭同级的法庭再审。”②在行政法院体系中，也原则上采用“三级两审”制，就行政初审法院的判决可以向行政上诉法院上诉，但再向最高行政法院上诉则需要经过事先的准入程序，如果上诉是不可接受的或没有任何重要的理由，最高行政法院可以拒绝其上诉。最高行政法院在审理案件中仅关注法律问题而不审查事实，直接就行政行为的合法性作出裁判，或者将案件发回原审法院或同一性质的其他法院重新审理。

3. 政务管理关系

法国是单一制国家，在法院管理方面，形成了由司法委员会负责法官管理、司法部负责其他事项的法院管理的模式。“法国各级法院法官通过任命制产生，最高法院法官和上诉法院院长的人选，由司法委员会提出任命建议案，由总统任命，其他法官由司法部部长任命。而行政法院除最高行政法院法官由司法部管理和任命外，其他法官由政府任命。”③法国法院的经费采取预算制，由司法部提出预算，经议会批准实施，经费由国家财政支出。

---

① 参见韩大元主编：《外国宪法》（第四版），中国人民大学出版社2015年版，第65—66页。

② 王公义主编：《中外司法体制比较研究》，法律出版社2013年版，第77页。

③ 王公义主编：《中外司法体制比较研究》，法律出版社2013年版，第79页。

在法院内部的政务管理关系方面，普通法院系统的最高法院对地区各级法院没有领导关系，但上诉法院对基层法院有行政上的领导关系，上诉法院及其司法区内各基层法院的司法行政事务由司法部部长授权上诉法院院长和总检察长共同管理。上诉法院对基层法院集中管理，保证管理的统一和集中，但基层法院内部和审判事务联系紧密的审判管理等事务由基层法官掌管，使得基层法院的法官可以集中精力处理审判事务。①

（四）日本的法院设置及上下级法院关系

1. 基本架构

日本司法权由各级法院统一行使。日本《宪法》第 76 条第 1 款规定："一切司法权属于最高法院及根据法律规定设置的下级法院。"根据《法院法》规定：下级法院有高等法院、地方法院、家事法院和简易法院。日本现行四级三审制，对轻微民事或刑事案件，其审级程序为简易法院、地方法院、高等法院三级，对重大民事或刑事案件，审级程序为地方法院（或家事法院）、高等法院、最高法院三级。②民事诉讼标的在 90 万日元以下者，原则上由简易法院进行一审，其他类型的民事诉讼则由地方法院一审；刑事案件中，可能仅处以罚款的案件，由简易法院承担一审，其他案件原则上由地方法院承担一审；行政诉讼案件，除少数特殊案件由高等法院一审外，原则上均由地方法院担任一审。③

2. 审级关系

关于上下级法院间的审级关系，日本的司法制度在向英美法系靠近，因此，日本最高法院的判决也具有一定的拘束力。特别是在发回重审程序中，最高法院对撤销原审判决的理由，在事实上和法律上所做的判断，对收到发回或移送案件的法院有拘束力。④上级法院，特别是最高法院还通过创造法和行使规则制定权对下级法院产生影响力，并起到统一法制的作用。但是，司法独立是日本司法制度中的一项重要原则。日本《宪法》第 76 条第 3 款规定："所有法官依良心独立行使职权，只受本宪法及法律的约束。"为确保这一原则的实现，宪法进一步规定："法官除身心障碍经法院决定为不适宜执行职务的，非经正式弹劾不得罢免，法官惩戒不得由行政机关行使，最高法院法官为终身制，下级法院法官任期为 10 年，可以连任，实行法官高薪，任

① 参见刘新魁：《法国司法官制度的特点及启示》，《中国法学》2002 年第 5 期。

② 韩大元主编：《外国宪法》（第四版），中国人民大学出版社 2015 年版，第 238—239 页。

③ 参见王公义主编：《中外司法体制比较研究》，法律出版社 2013 年版，第 150 页。

④ 参见张春霞：《最高法院上诉审判权之比较研究》，载左卫民等：《最高法院研究》，法律出版社 2004 年版，第 143 页。

期内不得减薪。”[①]对于法院系统内部的相对独立，1945 年日本《宪法》第 77 条规定：“最高法院有权就诉讼程序、律师、法院内部规章以及司法实务处理等事项制定规则。最高法院可以把制定下级法院规则的权限委托给下级法院”。日本宪法之所以一方面规定了最高法院享有规则制定权，另一方面又规定可以把规则制定权委任给下级法院，由各法院的法官会议负责执行，目的是为了防止最高法院对规则制定权的垄断化，保障上下级法院（法官）相互之间的独立。

3. 政务管理关系

日本的司法机关虽对外奉行“司法独立”，但在其内部有关人事及预算等方面则实行绝对的行政官僚式“中央集权型管理”。[②]宪法赋予了最高法院在法院系统实施政务管理的权力，包括法官的人事提名和法官以外法院工作人员的人事任免权、办公场所和用品的配置和管理权、法官及工作人员的工资报酬以及其他履职费用的核定权，等等。如日本《宪法》第 80 条规定：“最高法院之外的法院法官，由内阁按最高法院提出的名单任命。”与审级制相对应，上级法院对下级法院的司法行政权享有指挥、监督的权力。在法院管理体制中，最高法院的法官会议是法院管理事务的决策机构，其由全体法官组成，院长任主席。在不能召开法官会议时，院长可以采取应急措施，但要立即取得法官会议的承认。最高法院法官会议的执行机构是法院事务总局，总局设事务总长一名，在院长监督之下总管法院事务，并领导监督法院职员。根据日本《法院法》规定：高等法院、地方法院、家事法院均设有相应的法官会议和事务局，下级法院的司法行政事务需服从上级法院的监督。[③]

日本作为法治相对发达的国家，法学理论界和实务界普遍认可这样的观点：司法行政权作为确保司法权独立的一项有力措施，不得侵犯法官的独立。最高法院不能因为拥有人、财、物方面的司法行政权，而干涉下级法院法官的独立审判。但现实的状态确实是事务总局成了下级法官的顶头上司，很容易产生司法内部对法官审判进行干涉的危险，损害法官的独立。[④]有日本学者对此进行了批评：“法官生存在这样的一种环境中，在审判中和做出判断时想不受任何影响是很难的。这不但不利于养成法官自

① 韩大元主编：《外国宪法》（第四版），中国人民大学出版社 2015 年版，第 238—239 页。

② 王云海：《日本司法改革的深层》，《环球法律评论》2002 年第 1 期。

③ 参见谭世贵、梁三利等：《法院管理模式研究》，法律出版社 2010 年版，第 108—110 页。

④ 参见左卫民、汪振林：《法官的“顶头上司”——日本最高法院事务总局研究》，载左卫民等：《最高法院研究》，法律出版社 2004 年版，第 200 页。

由豁达的作用，并且也不利于法官积极地投入工作并提出建设性的意见或建议。"①

二、域外上下级法院关系对我国相关改革的启示

综观以上域外国家上下级法院关系，虽然各具特色，但都在一定程度上坚持了尊重司法规律、保持审级独立等法治原则，因而在制度设计上也都具有一些共性，可供我国当前上级法院关系改革参考。

（一）审级分工

不同审级的法院在案件审理中往往有较为明确的职能分工，在下级法院分工职责范围内的事项，上级法院通常不能干预。如在美国，联邦法院系统与州法院系统具有非常明确的职责界限，除非州最高法院对法律的解释违反宪法，否则，联邦最高法院无权介入州法院系统案件审判。同时，无论是联邦法院还是州法院，上诉审查一般仅限于法律审，初审法院对案件事实的判断在大部分情况下不属于上诉范围。同时，在上述各域外国家的司法制度中，大多强调对法院或法官案件管辖权的保护，将其视为司法权独立的重要内容，如德国《宪法》规定，没有任何人能够解除一名法定法官对他的司法管辖权。由此，在法律规定的审级分工基础上，并不存在上级法院可以根据自己的意愿剥夺下级法院对某一案件的管辖权，要求将其转交自己或其他法院审理的权力。

（二）审级独立

在美国等判例法国家，上级法院作出的裁判在事实上对下级法院审理类似案件时具有约束力。随着两大法系的交流与发展，不少大陆法系国家也适度接受了这样的司法制度，如法国行政法院中，"律师和当事人可以非常公开地引用判例"，日本同样在一定范围内承认上级法院判例的权威性。然而，从法理上看，这些上级法院的判例并没有直接的法律效力，而是下级法院在避免被上级法院发回、改判的"理性选择"后形成的"惯例"。虽然不少国家的下级法院也会预估上级法院在上诉审中的可能态度，但上级法院并不能对下级法院的案件裁判直接做出指示或设定直接规则，下级法院在案件审判中仍然独立于上级法院的直接意志干预。同时，从法治发达国家的司法实践来看，极少有下级法院对正在审理的案件直接向上级法院请示，或上级法院主动"提前介入"下级法院审理过程的情况，上下级法院之间保持了法律上的审级独立关系。

---

① ［日］六本佳平：《日本法与日本社会》，刘银良译，中国政法大学出版社 2006 年版，第 192—193 页。

（三）审判与司法政务管理的分离

域外主要法治发达国家在法院行政事务管理上主要有系统外管理和系统内管理两种模式。前者是将司法政务完全独立于法院系统的外部分离管理，后者则是在法院的主导下的司法行政管理。采用前者模式的主要有德国、法国等国，有关司法行政的最关键部分完全由行政部门掌握和管理，上级法院自然也就不参与下级法院的内部管理。而对于采用后者模式的美国、日本等国，上级法院对下级法院的司法政务工作具有一定的管理权，但这种管理是建立在法院审判职能与其内部行政管理相分离的基础上，上下级法院的法官都只负责审理案件，而由相对独立的司法政务管理机构负责法院的财务管理、法庭管理、安全保卫、资产购置等事务，保证法院的正常运转和法官正常行使审判权。反观我国的上下级法院关系，包括上下级法院之间围绕审判业务活动而形成的各种关系，是一个综合审级监督、业务指导、审判管理、理念指引、督察督办、内部审批等关系的集合性概念。与域外国家相比，我国上下级法院关系中审判工作与司法政务工作在同一体系内并行，无论是管理体制还是人员流动，都没有作出明显的区分，由此也导致上下级法院关系中法律所规定的监督关系在很大程度上被突破，并呈现出多元混同、交错贯穿的状态，亟需借鉴域外经验加以改革。

（四）司法政务工作的法制化及专业化

不论是上述的内部分离管理模式，抑或是外部分离模式，各主要法治国家法院的司法政务管理都有明确的法律依据及相应的法律制度，并交由专业化的法院管理机构来具体操作。例如，美国的“联邦法院行政管理局”、日本最高法院下的“事务总局”等均是适应司法行政的专业化分工的需要而产生的。①坚持法院的司法行政工作法制化及专业化，最终目的还是在支持法院系统正常运行的同时，避免行政管理对案件的依法公正审判造成干扰，确保法官专注于裁判。因此，即使由上级法院在一定范围内掌握下级法院的司法政务工作，司法行政权也会在法律和职业规范的约束下，坚持以审判为中心来行使权力。例如，在美国，审判辅助人员并不是服从于其部门领导，而是围绕法官展开工作，其行政管理部门也要根据法官指令，为其提供行政服务。德国《法官法》则明确要求行政管理必须服务于司法，行政管理工作只能涉及法官职责的形式或表面，而不能侵犯司法独立。一般来说，“对于上级法院或最高法院自主管理司法行政事务的情况，各国法院通常采取一

① 刘敬兵：《国外司法政务管理模式比较及对我国司法政务管理改革的启示》，载最高人民法院办公厅编：《司法政务管理与指导》，人民法院出版社2010年版，第352—354页。

些措施尽可能淡化上下级法院间的指挥与服从的关系，如建立法官代表机构行使司法行政决策权，吸引其他部门如政府、议会、律师界、公众代表参加，而不是完全由上级法院独享管理权等。”①

第二节　当前我国上下级法院关系合理定位的现实依据

上下级法院关系题材宏大、范围广阔，又与司法体系等存在着极为密切的关系。因此，解决上下级法院关系的问题，绝不是一朝一夕或者是某一项制度的简单变革就可以实现的，而是一个相当庞杂的系统工程。对此，有必要在全面、深入调研的基础上进行长远规划，确保各项工作均沿着正确的方向并以恰当的方式作出努力。当然，千里之行始于足下，再多的任务也要从细节入手，一项一项地予以实现。在面对司法能力提升的重大复杂任务时，需要按照总体规划的指引，立足当下积极推进阶段性工作，以一个又一个的成果累积实现最终的胜利。事实上，一旦涉及具体操作层面的改革，就必须充分考虑客观条件对目标实现的重要影响，在远期“可欲”与近期“可求”之间实现动态平衡。对于“上下级法院关系”改革的目标设定，遵循相对合理主义是一种较为恰当的具体方法。

所谓“相对合理主义”，是指“在一个不尽如人意的法治环境中，在多方面条件的制约下，无论是制度改革还是程序操作，都只能追求一种相对合理，不能企求尽善尽美”。②这种理论是基于我国国情和现实环境的一种司法改革方法，具有其合理性和可操作性。根据这一理论，我们应当认识到，在当前我国法治建设应当满足的条件尚未完全满足，但又必须保证法院体系的架构和运行能够有效履行职能、满足人民群众基本司法需求的情况下，不得不采用一些不甚合理的方法。为此，我们在改革上级法院与下级法院关系过程中，绝不应该简单、机械地主张消除行政化的近似于领导与被领导的关系，而是要根据客观条件协调、分步改进，要“在改革的路径设计、实施步骤上增强配套性和可操作性，在实践中增强人民群众的认可度和接受度”。③遵循“相对合理主义”要求来确定我国上下级法院关系改革的近期目标，首先要明确的就是“相对合理”的客观背景和现实依据。只有这样，才有可能

---

① 蒋惠岭:《上下级法院关系改革的思路》,《法制资讯》2009 年第 5 期。

② 龙宗智:《论司法改革中的相对合理主义》,《中国社会科学》1999 年第 2 期。

③ 董治良:《顺时应势构建科学的上下级法院关系》,《法制日报》2011 年 3 月 9 日。

科学地界定哪些“相对合理”的状态是当下必要且可接受的。总结而言，在确定我国上下级法院关系改革的目标时，需要重点考量以下几个方面的状况：

一、历史路径依赖

中国有着长久的封建社会历史，并在其发展中逐步形成中央统一集权和司法行政合一的传统。直到清朝末年，才开始逐步引入域外法治的一些主张，司法也才逐步与行政相分离，向着相对独立的权力体系的方向发展。但封建传统作为一种文化基因早已融入了历史传承的“血液”中去，成为影响当下各项改革的重要“路径依赖”。

改革开放以后，我国民主法制建设逐步走上正轨，法院系统也经历了多轮司法改革，在确保法院依法公正高效审判方面发挥了重要作用。但是也必须承认，这些改革更多的却是在体制框架制约下的“工作方法改革”。因此，它很容易“被庞大的‘体系化’力量所化解、吸收并锁定，司法所可能‘挣脱’的权力控制，也很快被‘体系化’权力运行机制进行了策略性修复，使司法重新回到被更高权力所主宰的位置上”。①在这种历史的“惯性”中，法院所行使的审判权仍在很大程度上处在行政化的权力运行体系中，上下级法院关系由于各自所处的地方权力体系环境，而变得难以清晰和相互独立。即使在大力推进法官“员额制”改革以及法院“人财物”省级统管的今天，这种行政权对审判权的影响也尚未得到真正改变。当不同层级法院均被纳入各自阶层的地方权力体系中后，两者也就间接而有力地被“捆绑”，在具体界定上下级法院关系中也就不得不考虑到这样的客观联系。显然，法院需要在政治框架内运行，司法改革无法“单兵突进”，必须与国家全面深化改革齐头并进，而不能超越政治体制改革的总体阶段。

二、国家治理结构的现状

我国是单一制国家，并不存在中央和地方两套政治体系的状况。随着改革开放的深入，社会主体有了更大的自由发展空间。然而，我国以集中统一为特征的国家管理和社会治理方式并未发生根本改变。“司法作为国家治理的一个基本方面，有意地被纳入到了这种集中性统合。”②在这一体系中，最高人民法院是全国法院管理的核心，高级人民法院和中级人民法院也承担大量的对辖区法院的管理和对中央精神的落实和反馈职能。由于实践中法院层级越高，审理的案件就越少，特别是高级人民法院和最高人民法

---

① 马长山：《新一轮司法改革的可能与限度》，《政法论坛》2015 年第 5 期。

② 龙宗智：《审判管理：功效、局限及界限把握》，《法学研究》2011 年第 4 期。

院，直接审理的案件相当有限，必然会通过各种方式加强与下级法院在非审判工作中的联系，更好地完成管理任务。

应当说，官僚制是现代管理的一项重要制度，“在明确性、稳定性、纪律的严格性及可依赖性诸方面，它都比其他形式的组织优越”，①从而构成了合法性的重要支撑。虽然法院所从事的审判工作性质要求其行政化和官僚体系的影响降到最低，但客观上单个的一名法官也无法承担司法的所有职能，必须在法院这一组织体的支撑下才有可能做到。而无论什么性质的组织，其架构和运行必然会涉及行政化的管理和官僚制度，在法院中则显著地体现为法院的审判管理和司法政务管理。从这个角度说，上下级法院关系中存在一些行政性因素以及官僚制的“集中性统合”特征，并不是需要一味地加以否定，而是要防止这种因素对司法公正和当事人的合法权益造成侵害。

三、立法本身的制约

2011 年，全国人大常委会宣布“中国特色社会主义法律体系”已经建成，这是我国法治建设的重要成果。然而，我们也应客观地看到，我国社会主义法律体系是在“宜粗不宜细”原则的指导下建立的，同时，由于我们国家改革开放的时间仍然较短，立法所依据的经济社会发展状况始终处于激烈的变动中，不少法律规范并没有充分的实践基础，这就难免会出现一些立法不完善现象。我国当前司法系统中上下级法院关系也是建立在现行宪法和法律相关规定的基础上的，如法院的设置与管辖、法官任免、考核与晋级、二审法院对一审裁判改判发回条件等，都是由《法院组织法》《法官法》以及“三大诉讼法”等相关法律条文明确规定，而有关规定的不完善也正是导致上下级法院权责区分不明晰、上下级法院关系行政化的重要原因。为推进上下级法院关系改革的顺利进行，就要修改相应的法律条款以获取合法性，但法律修改显然并不容易。更重要的是，如果仅仅在仓促间形成改革立法，缺乏充分的论证和设计而完全由主观决策来推进，就容易造成一系列问题，甚至影响改革的效果。习近平总书记在中央全面深化改革领导小组第二次会议上强调：“凡属重大改革都要于法有据，确保在法治轨道上推进改革”。②为了避免陷入改革“无法可依”的困境，上下级法院关系改革就必须在国家大力完善立法的基础上，与国家法律修改完善的进程相协调，在确保“于法有据”的情况下科学推动改革。

---

① ［德］施路赫特：《理性化与官僚化》，顾忠华译，广西师范大学出版社 2004 年版，第 128 页。

② 《习近平：把抓落实作为推进改革工作的重点　真抓实干蹄疾步稳务求实效》，《人民日报》2014 年 3 月 1 日。

四、法治要素的缺失

虽然我国宪法和法律规定的“独立行使审判权”是否等同于司法权独立原则不无争议，但即使是人民法院应当遵循的“审判独立”，在实践中也没有得到充分的认可。党的十八届三中、四中全会对司法体制改革进行了全面部署，其中“让审理者裁判、由裁判者负责”是司法改革中的一项重要目标。然而，一方面，对于真正落实审判独立，不少社会主体尚存疑虑。“把权力下放给法官，让法官独立裁判，院长放心吗？庭长放心吗？上级领导放心吗？社会放心吗？都不放心。”①特别是当前有关司法腐败的新闻时常出现在报端、对个案司法不公的抱怨时常充斥着网络的情况下，整个社会对司法公正和司法权威的认可仍处于较低的状态，一旦强调法院的“审判独立”，整个社会自然会产生“管都管不住，不管岂不是要更乱”的焦虑感。另一方面，法院和法官对于审判独立本身的期待也并不强烈。事实上，上级法院、地方党委政府对法院的干预不仅是自身意志的“传导”，随之而来的还有诸多资源的支持，更是意味着法院和法官能享受在权力体系中的政治地位、权力资源和发展空间。这进一步加剧了我国社会中“审判独立”价值的缺失，也构成了推进“让审理者裁判”改革的现实障碍。

此外，改革开放以来，我国法院的软硬件均有较大程度的提升，特别是将“司法考试”作为法官任职前提，使得我国法官职业化和法官专业素养方面有了长足的进步。然而，客观地说，与社会对公正高效的司法服务需求相比，当前法院和法官的司法能力仍有较大不足。一是不足以充分体现公平正义的要求。裁判欠缺彰显公正引人向善的力量，法官发现“客观真实”、“明察秋毫”的动力和能力不足，冤假错案仍时有发生。二是不足以应对日益增长的审判任务。审判资源配置欠合理，审判部门与综合部门的人员配置、法官个体优势的优化整合、案件简繁分流的有效性等均有待提升；审判流程推进不够顺畅，案件审理周期过长。三是不足以成为纠纷的最终解决手段。涉诉信访、“舆论审判”等新老问题交错融合，这些超越司法权利救济架构的快捷方式，借助发达的网络和各种便捷的传播途径影响未决甚至已决案件，消减了司法的权威，使生效裁判处于不稳定的状态。四是不足以充分保障胜诉权益的实现。诸如“法律白条”以及“赢了官司输了钱”的无奈使法院执行长期以来受到群众的诟病，司法执行权威严重弱化。

五、司法改革中法院“去地方化”与“去行政化”的制约与协调

“司法地方化，是指法院或法官在司法活动过程中受到地方党政机关或

① 沈念祖、杨晓菲：《第三轮司法改革启程》，《领导决策信息》2014 年第 14 期。

者地方利益团体的不当控制和干扰，导致法院或法官丧失其应有的独立权力和地位，从而出现的一种司法异化现象。"①我国实行人民代表大会制度这一根本政治制度，最高人民法院由全国人民代表大会产生并对其负责，地方各级人民法院由相应的地方各级人民代表大会产生并对其负责。从人事任免来看，我国实行普遍的党管干部的原则，"地方党政机关对于法官的任免起着重要作用"；②从执法资源来看，由于法院掌握的人财物等资源相当有限，不少案件的矛盾纠纷化解以及执行、维稳任务的承担，都离不开地方党委政府的资源支持。同时，由于在我国权力体制中，司法权地位最弱，无论在宪政框架内还是在实际运作中，司法都难以对立法和行政产生足够的制约，这就使得地方党政部门无论在主观上还是客观上均将司法机关视作与行政机关无异的下属机构，从而为党政机关控制司法权提供了可能。

长期以来，包括最高人民法院在内的法律界对"司法地方化"的问题一直高度关注，并通过不同方式加以批判，突出司法地方化导致的地方保护主义、审判不公等方面的问题，从而形成了在法院系统内部加强对地方法院监督和管理的理由和期待。在近年来的司法改革中，最高人民法院也努力通过加强对地方各级法院的审判指导、审判管理以及干部协管等渠道，不断加强上级法院对下级法院的联系和控制，以推动法院系统内部的一定意义上的"垂直化"管理，来减少地方党政机关对地方法院的不当干预。

由于"司法地方化"确实普遍存在，并且严重破坏社会主义市场经济秩序，损害了司法公正和司法权威，最高人民法院减少"司法地方化"的努力得到了司法改革的决策者和设计者的认可和支持，始终强调司法权属于"中央事权"，③必须去除地方对司法的不当干预，保障司法公正和国家的法治统一。为此，党的十八届三中全会才决心推动地方法院人财物"省级统管"等改革举措，通过强化中央和省一级对司法权的管控，有效减少司法地方化。从法院系统的努力来看，在解决司法地方化问题的所有举措中，加强垂直管控显然是一剂能够迅速见效的"猛药"，省级以下地方法院人财物"省级统管"也正是延续这样的改革思路。但是，我们必须注意到，在解决司法地方化问题中，上级法院加大对下级法院的指导监督等垂直管控方式，很可能会造成法院内部的"行政化"程度加剧。确定我国当前上下级法院关系改革的具体目标，必须充分考虑到本轮司法改革中关于法院"去地方化"和"去行政

① 张卫平等：《司法改革：分析与展开》，法律出版社2003年版，第35页。

② 参见王利明：《司法改革研究》，法律出版社2000年版，第154页。

③ 参见孟建柱：《深化司法体制改革》，《人民日报》2013年11月25日。

化"可能的冲突与协调,避免因为对某一方面的过度关注而导致司法改革中的"价值失衡",最终面临"按下葫芦浮起瓢"的改革困境。

第三节 基于相对合理主义的具体定位

根据我国当前司法改革所面临的客观形势和具体要求,参考域外国家司法体系架构和运行方式,科学设定具体的上下级法院关系、明确当前推进相关改革的具体目标,是完善我国上下级法院关系必须首先完成的任务。

一、依照法定程序有效履行审级监督职责

(一) 加强上级法院对下级法院的审级监督

我国《宪法》中有关上下级法院关系的规定集中体现在第 132 条关于上下级法院审级监督的规定上。《法院组织法》和"三大诉讼法"对其做了具体规定,设置了案件向上级法院提起上诉、由上级法院对错误裁判提起再审、对案件进行提级审理、依法审查下级法院提出的延长审限申请等程序,实现上级法院对下级法院审判工作的有效监督。除了依法审理由自身管辖的一审案件,上级法院最主要的职责就是通过法定程序对下级法院的审判工作进行监督。同时,由于当前我国不同层级、不同地域法院的司法能力仍有较大的不均衡性,司法腐败、司法不公现象仍在一定范围内存在,在我国法治建设的进程中,上级法院的审级监督职责被赋予了更为重要的意义。在上下级法院关系改革中,应当把加强上级法院对下级法院的审级监督作为最重要的目标,通过法定审级监督及时纠正下级法院的错误裁判,确保案件审判中实体和程序两方面的公正性,为司法公正、依法治国提供更加充分的支持和保障。

(二) 尊重不同审级的相对独立

虽然我国有四级法院,但"无论基层人民法院还是最高人民法院,他们都是国家的司法机关,在权威上是相等的,所不同的只是司法权力的具体配置"。①在我国当前的权力架构和法院系统运行状况下,强调这一理念尤为重要。因为长期以来,在不同层级法院中都普遍存在这样的理解,即认为上下级法院是领导与被领导关系,下级法院按照上级法院的指示、命令来完成各项工作是"天经地义"的。为此,上下级法院都应当树立审级独立的观念,上级法院不能越权干预下级法院,下级法院也不应该随意就在审案件向上级

① 贺卫方:《司法的理念与制度》,中国政法大学出版社 1998 年版,第 97 页。

法院汇报请示,放弃应有的审判权力。即使是在审级监督的范围内,上级法院也应当秉承适当的"谦抑"原则,在改判、发回重审、提起再审、提级审理等方面充分尊重下级法院的主体地位,支持和保障下级法院法官在法律范围内的自由裁量权。同时,在审级监督的考核管理中,也应当充分注意对审级独立的尊重。法官在法定权限范围内的裁判,"无论是否得到上级法院的认可,是否为公众所接受,都应当说法官是正常的履行职责的行为"。[①]下级法院和法官也不应为此受到苛责和负面评价,否则,他们很容易因过度担忧裁判被上级法院否定而逐渐丧失自己的独立判断能力。

(三) 推动审级连接的程序化运行

诉讼本身的公正性集中体现于其程序的公正性,各类诉讼活动必须遵循严格而合理的程序规范,上下级法院之间的审级监督关系同样如此。为了防止上下审级法院相互的独立性被司法权力等级安排和上级法院的权力扩张所冲破,严格的程序安排是一种必要的机制,这是因为"程序是一种角色安排的体系,程序参加者在角色就位之后各司其职,互相之间既配合又制约,权力扩张的余地自然受到压制"。[②]然而,在我国上下级法院审判工作的互动中,一方面,下级法院频繁向上级法院汇报、请示,此类行为显然已经超越了诉讼法所规定的互动范围的"法外程序",很容易对法院的审判权力和当事人的诉讼程序权利造成侵害,应当逐步减少直至完全消灭;另一方面,诉讼活动的程序化运行还要求所遵循的程序是合理而正当的。当前,我国诉讼法中,部分上下级法院间的审级连接程序并没有对正当性给予足够的关注,如上级法院提级管辖下级法院在审案件、将上级法院管辖的案件交由下级法院审理等程序,并没有为下级法院和案件当事人的意愿表达提供充足的空间,不利于上下级法院关系的合理构建以及当事人权益保护。

二、追求上级法院对下级法院审判指导的本意回归

如前所述,为了保障法律适用统一、提高下级法院正确适用法律的能力,上级法院有必要对下级法院的审判工作给予一定的指导。但是,为了保障审判指导和审级独立的协同推进,审判指导应当回归其不具有强制力的"指导"属性,以其科学性和说理性影响及促使下级法院作出与之相一致的裁判,而非以行政化的命令加以代替。在当前审判指导改革中,应突出以下方面:第一,明确指导与指令的区分。如前所述,上级法院对下级法院有审级监督的权力,但在个案裁判中是相互独立的。上级法院基于其自身的业

① 蒋惠岭:《司法职业保障的十项最低标准》,《法制资讯》2009 年第 11 期。

② 季卫东:《法律秩序的建构》,中国政法大学出版社 1999 年版,第 17 页。

务优势，可以对下级法院的审判进行指导，但不应对下级法院如何具体适用法律、裁判案件直接发出指令。第二，进一步清理地方法院“司法解释性”文件。地方法院无权制定司法解释性文件，这是保障国家法制统一、维护法院审级独立的重要举措。然而，当前上级法院特别是各高级人民法院制定的涉及具体法律应用，并要求辖区法院执行、适用的司法解释性文件仍以不同形式存在，应当予以进一步清理。第三，以“柔性”手段为主。上级法院的审判指导应当以自身裁判案件或发布其认可的案例等方式来示范法律适用、以业务会议、法官培训等方式来说服其他法官接受其观点，从而发挥影响和指导下级法院审判工作的功能，而非依赖于命令或考核等行政性举措。

在我国审判指导中，最高人民法院发挥着独特而又重大的作用。然而，最高人民法院在进行审判指导中存在一定程度的“抽象指令”现象，不利于全国上下级法院关系的合理构建。最高人民法院发布了大量涉及审判指导的规范性文件，并在实践中赋予其强制效力。在我国现有的诉讼体制下，一个案件一般是因为它的标的额高，而不是因为它在法律上有普遍性的重要意义而成为最高人民法院的管辖对象。也就是说：“作为最高决策者的最高法院及其法官制定的规范性文件不一定会比审理案件的下级法院及其法官能够做出更优的决策”。①相比较而言，通过对法律上疑难复杂案件的直接审判以及对案例指导的优化应当是最高人民法院进一步发挥审判指导功能的发展方向。

三、实施上下级法院间符合审判规律的审判管理

最高人民法院江必新副院长曾这样阐述法院审判管理的原则和理想状态：“可以确定的是，在任何情况下，审判管理都不得损害确保公正司法最低限度的独立性，这是一个底线。”②审判管理本身具有一定的行政性因素，但上级法院对下级法院审判管理中的直接管控和机能的超常发挥，则可能会对下级法院的独立性、权威性以及其他履职条件造成损害。上级法院对下级法院的审判管理，应当着重于通过构建合理的管理模式，建设信息化的审判管理平台，对下级法院的整体审判运行态势进行把握和事后监督，为下级法院自身的审判管理提供充分的服务和引导。

在当前审判管理的各种方式中，审判质效指标评估体系居于核心地位。改进上级法院与下级法院审判管理关系，一方面，应当努力完善质效评估方

---

① 黄韬：《“全国”金融市场与“地方”法院——金融司法的央、地关系视角》，《法治中国与司法改革研讨会论文集》，第260页。

② 江必新：《审判管理与审判规律抉微》，《法学杂志》2011年第5期。

式，根据审判工作的内在特点和规律，采取定量与定性相结合、内部与外部相结合的考核方法，尊重法官的独立判断与自由裁量，避免单纯依靠数字对复杂的审判工作进行片面和错误的评价；另一方面，也要防止质效指标评估结果的误用。上级法院应当主要将评估结果用在从“面上”把握审判运行状况，以及在“点上”发现某些突出问题，为指标数据所承载的意义减负，尤其要避免为片面追求数据而干扰下级法院审判工作的正常运行。

最高人民法院于 2014 年 12 月决定，取消对全国各高级人民法院考核排名，绝大部分评估指标仅作为分析审判运行态势的参考。①应当说，最高人民法院的这一举措有助于建立符合审判规律的上下级法院审判管理体制，值得肯定。我们也应当注意到，目前更加合理的法院审判工作评估机制尚未有效建立，在当前上下级法院行政化管理关系尚未改变的情况下，上级法院仍然有必要对下级法院的审判工作进行一定程度的评估，并监督下级法院认真、勤勉地履行审判职责，但这样却很容易再次出现上级法院利用审判质效进行“隐形考核”的现象。为此，有必要在今后的审判管理体制改革中，探索形成一种新的审判工作多元化评估方式，并将其纳入对下级法院审判工作进行合理监督的范畴。

四、建立科学的上下级法院司法政务关系

从我国上下级法院关系的实际状况来看，上级法院对下级法院的人事政务工作发挥了越来越明显的管理和监督作用。同时，由于我国各级法院的审判工作和人事政务工作均在同一个组织体内运行，缺乏有效的区分和隔离，实践中，上级法院对下级法院人事政务工作的管理权也影响到审判工作领域，明显强化了上级法院对下级法院审判权的影响力，造成上下级法院审判工作关系的进一步行政化。参考国外的司法政务管理方式，在我国建立与审判权相分离的司法政务管理体制应当是今后司法改革的必然选择。所谓分离，并不是简单地将法院的司法政务管理工作交由行政部门管理。因为当下国家权力的具体配置中，相对于行政机关，法院尚未建立起充分的依法独立行使审判权的保障机制，将司法政务管理交给行政机关，难以避免其对司法的干预可能，我国历史上也有这样的教训。②

因此，在当前我国司法改革中推行审判与司法政务相分离的管理模式，

---

① 参见胡伟新：《最高人民法院决定取消全国各高级人民法院考核排名》，《人民法院报》2014 年 12 月 27 日。

② 20 世纪 70 年代—80 年代，人民法院的司法行政工作由政府的司法行政部门管理，在实践中就产生了不少矛盾和问题，其后中央决定人民法院自行管理自己的司法行政事务。参见胡健华：《明确规定法院的司法行政工作由法院管理》，《人民司法》1995 年第 11 期。

主要应当从以下方面着手：第一，审判工作人员和司法行政人员实行分类管理，努力建立一支区别于法官的专业化司法政务管理队伍；第二，协同推进审判权运行机制改革和司法行政工作机制改革，充分落实“让审理者裁判、由裁判者负责”的同时，促使司法行政管理的专业化和规范化；第三，完善上级法院党组对下级法院领导干部的协管方式。近年来，上级法院在下级法院领导干部的任免和日常管理考核中的角色日益重要，但也存在加剧上下级法院关系行政化的影响。为此，应当适度回归制度的本来设计，避免上级法院的过度影响。

五、实现司法政策、理念的有效传递

我国的法院是党领导下的人民法院，必须始终把维护和实现人民群众的合法权益作为根本目标。同时，在我国现有的国家治理结构中，人民法院还自上而下地担负着服务大局，为经济社会发展提供司法保障的重要使命。随着中国特色社会主义法律体系的形成，司法对法治前进和司法为民的回应更多地体现在审判理念和司法政策的统一之中，而上级法院则是其中不可阙如的环节：既要通过加强审判指导和审判管理，确保法律规范在辖区范围内得到统一适用，又要通过上级法院党组对下级法院党组的思想、政策等方面的影响，以及审判理念、司法公开、司法为民等综合事务的推进，对辖区法院的各项工作从整体上进行指导、督促，传递中央的各项政策、要求，促使其树立科学的司法理念、坚持正确的价值导向。作为国家治理体系中的重要环节，各级人民法院必须坚决做好落实党的路线、方针、政策以及服务保障社会发展大局的各项工作。在上下级法院关系的改革中，也必须在依法履职的基础上，把上级法院监督、指导下级法院落实党和国家的重大战略部署放在重要位置上，将其融入上下级法院各项工作中去，确保党和国家的政策、理念得到有效传递。

需要注意的是，上级法院在开展综合管理，促进辖区法院司法公正、司法公开、司法为民，组织开展专项司法保障等工作中，最终都要落实到案件审判这一核心内容。对此，上级法院应当更加注重采取思想上教育和引导方式，促使下级法院法官形成正确观念，而不是对个案裁判和其他具体工作进行干预，避免对下级法院依法独立行使审判权造成干扰。同时，当前上级法院对辖区法院综合事务管理，一定程度上存在着下级法院参加会议、开展调研、学习精神等活动过多、耗费精力过大的问题，对此，高级人民法院应当进一步提高工作效率，改进工作方法，减少对下级法院人力物力资源的占用，保障下级法院完成审判任务的需求。

第六章　我国上下级法院关系的改革构想

我国司法实践中上下级法院关系和宪法法律的设定存在较大差距，并在一定程度上成为我国法治建设的阻碍。显然，我国上下级法院关系亟需加以改革，回到宪法和法律所设定的正确轨道上。但是，这种实际状态的回归并不是一蹴而就，或者是“机械矫正”的过程，而是一个长期而复杂的过程。在这样的系统性改进中，我们不能仅仅看到宪法法律条文的规定，还要明确我国上下级法院关系改革和状态回归的原则和路径。只有在科学的顶层设计的基础上，真正推动上下级法院关系中的各项制度改革，才能实现上下级法院的良性互动和国家的法治完善。

第一节　上下级法院关系改革的基本原则

根据相对合理主义理论，我们明确了现阶段上下级法院关系改革的目标是加强和改进审级监督、追求审判指导的本意回归、实现符合规律的审判管理以及建立科学的政务管理机制。在新一轮司法改革和国家全面推进依法治国的宏观背景下，上下级法院关系也迎来了难得的改革机遇。然而，科学的目标设定只是改革设计的一个部分，还需要我们在科学的理论指导下，遵循正确的道路和原则要求，有效推进制度改革。

一、坚持和完善党对审判工作的领导

我国是中国共产党领导下的社会主义国家，党对国家各项事务的领导是历史和人民的选择，是经过宪法所确认的基本原则。人民法院也是党领导下的国家司法机关，作为行使国家审判权的专门机关，在实现党的领导、人民当家作主和依法治国相统一的过程中肩负着重要使命。当前，我国正在大力推进司法改革，强调要改革上下级法院的审级监督关系，要积极落实“让审理者裁判、由裁判者负责”的司法理念，但需要明确的是，司法改革的目的“不是削弱党对司法工作的领导，而是加强党驾驭司法工作的能力，使

党对司法工作的领导艺术更加高超,使党不仅能够领导而且善于领导司法工作”。①作为司法改革的重要组成部分,改进我国上下级法院关系,也必须从加强党的执政能力建设以及维护国家改革、发展、稳定大局的高度来把握政治方向。在上下级法院关系中强调审级独立和依法监督,既不是要形成法院系统的“独立王国”,也不是要阻止上级法院党组织对下级法院的适当管理,而是要在党的坚强领导下,推进国家司法体制的完善,更好地履行司法职能。

事实上,坚持党的领导是我国最基本的政治原则,更是我们做好司法工作的重要保障。党领导人民制定法律,还领导人民遵守和执行法律。当今中国,除了中国共产党,没有其他任何力量能够有效地支持法院摆脱不正当的干预,坚持依法独立公正行使审判权。彻底实现上下级法院关系改革,不仅涉及宪法、法院组织法、诉讼法等多部法律规范的调整,甚至还与整个国家权力架构的角色回归密切相关,改革必须要在传统的制度框架和运行方式中实现突破。在这种情况下,只有依靠中国共产党的坚强领导,实施科学的制度顶层设计,集中各项资源强力推进,才有可能真正实现上下级法院关系回归上级法院监督下级法院审判工作的宪法定位,在确保审级独立的前提下,实现法院系统“司法产品”的公正高效产出。为此,改革我国上下级法院关系,必须把有利于加强和改进党对司法工作的领导作为首要原则,在妥善化解上下级法院内部的行政化和减少法院的地方化过程中,充分考虑和保障党对各级法院工作的领导,保障党对司法工作的有效领导,也只有这样才能保证包括上下级法院关系改革在内的司法改革真正取得实效。

当然,坚持党对审判工作的领导,并不意味着上下级法院关系改革“空间不足”。事实上,作为法治建设的重要组成,“当下司法改革的各项举措都是以坚持党的领导为前提的,法院和法官只能是在党的领导下的独立运行,这是不能逾越的底线。但底线之外,则构成了司法改革构想、设计和推进的广阔空间,包括改革党的领导方式与内涵”。②宪法和法律明确了上下级法院之间不是领导与被领导的关系,下级法院拥有在法定范围内独立行使审判权的权力。推进上下级法院关系改革,就是要在实践中真正落实宪法和法律的规定,特别是按照法定的程序和方式,在上下级法院关系中实现党的领导。

二、秉承公正司法的价值导向

“公平正义,既是公众的朴素向往,也是社会安定的基础;既是法治文明

① 谭世贵:《司法独立问题研究》,法律出版社 2004 年版,第 136 页。

② 马长山:《新一轮司法改革的可能与限度》,《政法论坛》2015 年第 5 期。

的重要标志，也是法治理念的价值追求。"[①]当前，人民群众权利意识不断增强，对公平正义的追求和渴望更加强烈。人民法院在努力提升司法能力过程中必须始终把公平正义作为首要价值追求，坚持公正司法，确保每一起案件的办理都成为维护社会公平正义的具体实践，并通过每起司法个案的公正处理，让人民群众感到公平正义就在身边。

公正司法是人民法院的"生命线"，而上下级法院关系与司法公正目标的实现紧密相连。在改革上下级法院关系中，必须将能够最大程度地发挥支持和保障司法公正作为最核心的价值追求。第一，督促和保障上级法院充分履行监督下级法院职责。强调上下级法院审级独立，不是取消和否定上级法院对下级法院的监督。事实上，上级法院必须依法履行自身职能，通过上诉审查或启动再审等程序，及时纠正下级法院不公正的裁判和其他司法行为，监督下级法院公正司法。第二，上级法院要引导下级法院建立公正司法的履职方式。发挥上级法院公正裁判和依法纠错的引导功能，培养理性、科学、遵从法治规律的下级法院审判方法，形成法院系统内明确的行为规范，促使各级法院审判始终朝着公正、和谐的方向发展。第三，上级法院要积极创造下级法院公正审判的审级环境。"法官以法律为解决争议的是非标准，而且是根据本人对法律的理解作出判断。实现判断的公正和正确，只能通过从制度上真正明确其独立性、中立性才能确保。"[②]良好的上下级法院关系，必然是尊重各级法院，特别是下级法院在法律范围内的审判权，协助下级法院抵御外部干预，确保下级法院和法官能够真正以法律为标准，在案件审判中实现司法公正。

三、维护法院独立审判和当事人合法权益

基于对《宪法》第132条的文意解释，最高人民法院是最高审判机关，是指最高人民法院在我国审判机关体系中处于最高地位，有权对审判过程中如何具体应用法律的问题进行解释，而上级法院对下级法院审判工作的"监督"，主要是对下级法院在审判活动中是否正确适用法律进行监督。"上级法院无权在法定程序外，直接领导、指挥下级法院的审判工作。"[③]由于司法权作为判断权的最终性和权威性，司法机关在审判中必须坚持中立的地位，而强调司法权的独立属性，也就是为了保障其公正的立场。

---

① 李林:《社会主义法治文化概念的几个问题》,《北京联合大学学报》(人文社会科学版)2012年第2期。

② 刘安荣:《我国法院体制的行政化及改革对策》,《陕西师范大学学报》(哲学社会科学版)2014年第6期。

③ 王德祥、徐炳:《〈中华人民共和国宪法〉注释》,群众出版社1984年版,第257页。

“依法独立行使审判权是现代法治的基石和法院组织制度的基础，对于实现依法治国，实现公平、正义，保障公民自由和权利具有重要意义。”①坚持法院依法独立行使审判权，应当从依法治国的战略高度上来进行认识和分析，将其视为法治国家、民主政治和市场经济所必须建立和信赖的政治司法制度。从历史上看，中国社会并不缺乏法治元素，但是几乎不存在独立审判，特别是法院系统内部的审级独立理念。我国本轮司法改革采取了司法责任制、人员分类改革等一系列改革举措，但这些改革对上下级法院间的审级独立的关注尚不够深入。为确保不同层级法院均能依法独立行使审判权，在上下级法院关系的改革和完善过程中，需要将尊重和保障审级独立作为各项制度变革的内在支撑，以是否符合“审级独立”原则要求作为改革方案选择的重要标准，真正树立下级法院在审判权运行中应有的独立地位，避免下级法院成为上级法院的“附庸”。

此外，划分审级关系最主要的目标是为当事人提供一个独立的重新审查机会，以增进司法决策的审慎和公正，而这一目标的实现显然是以上下级法院在审判案件时的彼此独立为前提的。然而，在领导化的非审判工作关系中，下级法院法官在处理案件时自然会尽力按照上级法院的“指令”行事，初审法院的判决实际上成为上下级或上下几级法院“合谋”的结果，也让下级法院公正高效审判面临更多遭受不当干预的危险，导致诉讼当事人在审级上的程序权利和获得司法救济的实体权利都受到严重损害。作为社会公平正义和公民权利保护的最后一道防线，法院体系架构应当把公民合法权益保护放在更加重要的位置上，通过合理的上下级法院关系架构，保护当事人包括程序性权利在内的各项合法权益。

四、增强司法在社会治理中的权威

“司法权作为解决矛盾纠纷的公力救济手段，是国家公权力的重要组成部分，必须依赖一定的权威来支撑，失去权威就意味着权力性能的丧失。”②然而，新时期我国司法正面临着司法权威不高的困境，我国上下级法院关系的不合理也是其中的重要原因。

为了落实全面推进依法治国的战略部署，充分发挥司法在社会治理中应有的功能，改革我国上下级法院关系，必须将增强司法公信和司法权威作为重要的原则要求。首先，增强司法权威要求上下级法院关系中保持下级法院的独立性和稳定性。“在一定对比关系上，司法权独立程度与司法公信

---

① 白洁、殷季锋：《试论法院依法独立行使审判权》，《新疆大学学报》（社会科学版）2002 年第 3 期。

② 徐清宇、周永军：《当今我国司法权威的缺失反省及重塑思考》，《法律适用》2009 年第 4 期。

程度成正比。”①上级法院不能超越法定的权限和程序干预下级法院审判工作，也不能滥用审级监督权力，损害下级法院案件裁判的权威性和稳定性。其次，增强司法权威要求上下级法院关系和审级互动保持公开透明。“推进司法公开，将司法权置于阳光下运行，公众就会亲身感受到司法的公正，从而对司法工作更加理解和信任。”②实践中，不少上下级法院的审级互动，如在审案件汇报请示、上级法院作出的发回再审意见函、上级法院制定的规范性文件或“执法口径”等，对案件裁判都具有重要，甚至是决定性影响，但这些审级互动都是在缺乏对当事人公开和当事人参与的情况下进行的，大大增加了当事人对司法怀疑和拒绝的可能性。再次，增强司法权威要求上下级法院关系中有效实施审级监督。司法权的正常运转，离不开行之有效的监督。当前因司法机关及其工作人员权力滥用引起的司法腐败现象，使司法公信和司法权威大打折扣。在上下级法院关系中，如果上级法院能够更好地履行审级监督职责，相关腐败现象以及冤假错案自然会更少。总之，在上下级法院关系的长远发展中，必须将维护和增强司法在社会治理中的权威性作为衡量改革举措的重要“标尺”，让法院得到人民群众更多的尊重和认可，真正实现法治的进步。

第二节　上下级法院关系改革的制度完善

一、审级关系之完善

根据《宪法》第132条的规定，上级法院在充分尊重下级法院独立地位的基础上，通过法定审级程序履行监督下级法院审判工作的职责。我国上下级法院审级关系改革，必须围绕这一职能定位，做到有效监督但不越位。

（一）逐步取消在审案件的请示汇报

虽然下级法院向上级法院请示汇报并没有法律依据，但如果不加以限制，这种现象可能会长期存在，甚至愈发严重。为此，一方面，需要在法院组织法和“三大诉讼法”中进一步强调，审理案件的法院应当严格依照法律，独立公正地行使审判权，不得自行向上级法院请示。上级法院也不得在法定诉讼程序外对个别案件作出指示。另一方面，应当在法官法和法官行为规范中进一步明确，独立公正地认定事实、适用法律，是法官职责的内在要求，不得通过向上级法院请示等方式随意放弃，更不得对包括下级法院法官在

---

①　孟军、甄贞：《司法改革中司法公信力问题研究》，《湖北社会科学》2015年第9期。

②　公丕祥：《司法公开：提升司法公信力的重要保证》，《中国党政干部论坛》2012年第7期。

内的其他法官如何审理和裁判案件进行干预。

当前,我国司法实践中长期存在的请示汇报情形有其深厚的制度和环境背景,只有切断下级法院"请示冲动"的内在诱因,才能从根本上加以消除。为此,一方面,要改革法院和法官的绩效评估方式,真正树立起"案件二审被改判发回并不等同于案件一审错误或瑕疵"的观念,支持下级法院法官在谨慎、勤勉和善意的前提下依法裁判。另一方面,要更好地给予法院和法官履职保障。在当前法官履职保障尚不充分的情况下,下级法院法官往往通过请示适当缓解和分担自身风险。为此,必须有效提升法院和法官的履职保障,让下级法院和法官有能力、有条件担负起独立行使审判权的责任。

需要说明的是,基于"相对合理主义"理论的要求,取消在审案件请示汇报制度,同样需要结合当前的司法实践和客观环境,逐步加以实施。特别是在当前不同地域、不同层级法院司法能力差别较大的情况下,应当允许承办案件的法官在坚持独立公正裁判的前提下,向包括上级法院法官在内的人员咨询请教法律适用问题。当然,这种咨询与回答并不属于上级法院监督下级法院审判工作的范畴,仅是为承办法官正确适用法律提供一种参考,最终的案件裁判仍由承办法官凭借自己的专业技能和"内心确信"作出,并承担由此可能产生的责任。

（二）完善发回重审程序

"上级法院将案件发回重审,是上级法院对下级法院进行审判监督和指导的一个重要程序性设置,有利于救济当事人权利、纠正初审判决的错误并帮助下级法院提高业务水平。"①对于发回重审程序中的发回标准以及反复发回等问题,近年来,"三大诉讼法"均作了一定程度的完善,但是,在发回重审的标准、程序的透明以及当事人的参与等方面,仍有较大的完善空间。

作为上下级法院审级互动中最重要的渠道之一,发回重审制度应当在以下方面加以完善:一是进一步限定发回重审的案件范围。现行法律规定的发回重审范围是案件(基本)事实不清或一审程序(严重)违法,但实践中对于事实不清的具体含义争议较大。为了更好地尊重一审法院的审级独立,笔者建议将发回重审的范围规定为"案件基本事实在一审判决中未作认定,影响案件裁判结果,或一审程序严重违法"。二是加强发回重审裁定的公开说理。当前,二审法院大多通过"发回重审内部函"详细阐述发挥重审的理由,并对一审法院的重审提出意见。由于此类"内部函"不对当事人公开,且相关指导意见容易干扰一审法院在重审程序中的独立判断,应当逐步予以取消。同时,二审法院在公开的发回重审裁定中应当详细阐述裁定理

① 杜豫苏:《上下级法院审判业务关系研究》,北京大学出版社 2015 年版,第 212 页。

由，保障当事人的知情权，并根据其理由更好地参与诉讼，保护自身合法权益。三是赋予当事人在发回重审程序中的选择权。尊重当事人的程序选择权是诉讼程序改革的重要发展方向。但规定如二审法院经审理发现一审判决严重违反法定程序的拟作出发回重审处理的，如各方当事人均要求由二审法院继续审理的，则不再发回重审。

（三）规范管辖权变更

在未来的诉讼制度改革中，除了应当进一步明确不同层级法院对一审案件的管辖范围，尽可能减少"本辖区内具有重大影响的案件"等过于模糊的规定外，还应当加强对管辖权变更的规范和限制。第一，逐步取消上级法院对案件的"提级管辖"和"下放管辖"权。除法律明确授权，各级法院不得取消下级法院管辖权或放弃自身对案件的管辖权。即使下级法院存在不能公正审判的可能，上级法院也可以通过二审程序或提起再审的方式加以监督和纠正。第二，限制"变更性"指定管辖权。建议"三大诉讼法"中有关变更性指定管辖的规定均改为"有管辖权的人民法院由于不可抗力，失去行使管辖能力的"，可由上级法院指定其他法院管辖，除此以外，上级法院不得指定变更。第三，增加下级法院报请上调管辖的当事人参与程序。应当说，下级法院在面对某些重大复杂案件时，难以独立公正行使对该案的审判权，主动放弃自身的管辖权并报请上级法院上调管辖的行为有其内在合理性，但完全排除当事人的程序参与是不恰当的。应当明确，下级法院报请上级法院上调管辖的，上级法院应当听取各方当事人意见，根据保障依法公正审判、保护当事人合法权益的标准综合判断。

（四）进一步明确四级法院的审级功能定位

对于不同层级法院的功能定位，我们需要从四级法院的整体功能平衡上加以思考。由于我国司法系统和社会公众对于案件审判中"客观真实"的追求和偏好，目前我国在上诉审查中区分事实问题和法律问题的条件尚不成熟。但是，上级法院，特别是最高人民法院在审级功能定位方面仍有较大的完善空间。对于当前最高人民法院审理案件过多并向"审判法院"靠近的情况，有学者认为："最高人民法院将过多的精力用于纠纷解决而忽略其统一法制的功能，使得最高人民法院无法通过对具有重要法律意义和法律价值案件的审理来获取对社会利益的平衡和把握"。①对此，建议将最高人民法院的审级职能主要定位于最高上诉法院，依托现有申诉审查制度，对案件实

---

①　张榕：《司法能动性何以实现——以最高人民法院司法解释为分析基础》，《法律科学》2007年第5期。

行许可上诉,并排除案件的事实审查。相应地,将案件一审职能限定于基层人民法院和中级人民法院,由一审法院完成案件的事实查明和法律的准确适用,由二审法院完成上诉审查,为案件当事人提供再一次的诉讼机会,监督并纠正一审法院的差错,同时推进辖区内法院的法律适用统一。此外,基层人民法院和中级人民法院的一审案件级别管辖也不应继续采用案件标的大小的标准,而是以案件疑难复杂以及可能受到干扰的程度加以确定,以此明确我国四级法院的审级功能定位。

二、审判指导关系之完善

(一) 规范司法解释的权力运行

司法解释是最高人民法院指导下级法院审判工作最重要的方式,也是在实践中对下级法院审判工作影响最直接、最明显的方式。针对司法解释在审级功能发挥以及促进司法公正高效等方面的问题,应有效加以改进。

1. 减少立法性司法解释

由于全国人大及其常委会与最高人民法院之间在职能上存在明确区分,最高人民法院通过司法解释在一定程度上行使国家立法权没有宪法依据,故应当在实践中逐步取消,严格限定司法解释的权力边界,依托法律条文进行解释。当然,由于我国不少法律出台后,仍然存在大量不明确、不细致的"模糊"领域。在我国法院个案解释和指导案例制度尚不完善的情况下,立法性司法解释往往难以避免。有学者感叹:"立法如斯,我不得不支持司法解释,不得不支持抽象性司法解释,不得不支持体系化的抽象性司法解释,不如此,法律实无法适用。"①在我国社会主义法律体系已经形成的基础上,提升我国立法技术仍有其必要性和紧迫性,通过科学合理的立法以及相应的司法个案解释的进步,来有效减少立法性解释的实践需求。

2. 减少个案批复性司法解释

虽然个案批复性司法解释对于最高人民法院掌握司法实践信息、促进法律适用统一等方面发挥一定的积极作用,但其制度运行模式所依托的仍然是案件请示汇报制度。此类批复性司法解释对下级法院还具有法律上的约束力,与普通的上级法院指示相比,产生的负面影响往往更大。同时,最高人民法院长期存在的个案批复性司法解释也在很大程度上为在审案件请示汇报制度作了"背书",为地方各级人民法院采取类似措施处理疑难案件留下空间,不利于在实践中加以消除。为此,最高人民法院应当牢固树立"每一级法院都是代表国家独立行使审判权的法院"这一观念,尽

---

① 胡岩:《司法解释的前生后世》,《政法论坛》2015 年第 3 期。

可能减少个案批复性司法解释，直至完全取消，代之以加强案例指导、提起再审以及探索许可上诉制度等方式，来完成对下级法院个案审判的指导和监督。

3. 避免突破法律的司法解释

根据不同法律渊源的效力层级，最高人民法院的司法解释必须符合立法原意和法律原则，不能与法律相抵触。同时，在法治秩序良好的情况下，下级法院法官可以从上级法院的审级监督中获取动力，在案件裁判中尽可能对法律进行分析，并据此依法作出判决。这不仅要求上级法院的法官公平、公正地进行诉讼活动，更要求下级法院法官对上级法院产生一种信念，并相信上级法院会虔诚地尊崇法律，审慎地行使职权。①司法解释作为最高人民法院在某类案件争议的法律适用上的权威态度表达，必须严格遵守《宪法》第131条关于"人民法院依照法律规定独立行使审判权"的规定，不能对现行有效的法律有所突破，否则，不仅会对下级法院审判产生严重的误导，而且可能会导致下级法院产生仅需遵守上级法院意志，而不需要遵守法律规定印象的严重后果。

（二）改革最高人民法院规范性文件指导方式

为促使最高人民法院规范性文件更加科学地发挥规范指导作用，符合"让审理者裁判、由裁判者负责"等方面的司法改革目标导向，有必要对传统的规范性文件指导方式进行改革，让规范性文件真正回归认同型实施模式。

1. 限缩规范性文件的强制性

根据《宪法》第132条和相关组织法的规定，最高人民法院规范性文件在案件裁判中并没有类似于法律和司法解释的效力，除了少数不涉及审判工作的纯司法政务性文件外，不应对下级法院和法官强制其实施。考虑到短期内完全取消规范性文件的行政化实施方式难以实现，应当在传统实施模式的基础上，逐步限制和降低规范性文件的强制性。一方面，最高人民法院在制定印发新的规范新文件时，应避免在文件内或相应的层级传达中提出"必须"、"切实贯彻执行"等类似要求；另一方面，上级法院在对下级法院的监督管理中，不应对规范性文件的实施状况进行单独的考核。特定时期、特殊背景下制定的规范性文件，以及依照该文件实施并取得积极效果的，应通过形成一定的机制或规则在修正后加以固定。如按照法定程序，转化为司法解释或者上升到立法，确保相关规则在司法实践中得到更好地

① 参见朱道坤：《司法的威权压制——一种发生在上下级法院之间的"潜规则"》，《中山大学法律评论》2011年第2期。

实施。

2. 增强法官对规范性文件的接受度

“判决的合法性并非来自法官在判决中援引的法律规范,而来自法官的论证,通过解释确定正当性的过程。”①任何一项裁判的作出,都是法官将客观的审理过程转化为内在认知,再根据对案件事实的认定和对法律的理解,选择并适用法律的过程,具有明显的主观性。为此,应当将规范性文件的实施重点放在对法官的培训和引导上。第一,在宏观上加强对法官社会主义核心价值观和大局意识的培养。最高人民法院规范性文件大多是根据经济社会发展状况和公众对司法服务的需求,对某些领域的审判工作提出原则性意见,促进法官形成正确的价值观和大局意识,有助于法官更好地理解和接受。第二,在微观上加强对法官理解和适用法律的培训。通过规范性文件相关内容的法官专业技能培训,促使法官按照文件的引导去理解和掌握法律,提高处理相关疑难复杂案件的能力,从而保障规范性文件真正为法官所接受并主动运用于司法实践。第三,加强文件本身的说理和解释。在文件中尽可能充分说明作出相关指导的理由所在,解释设定相关裁判原则所考虑的影响因素,充分展现规范性文件所包含的理性光芒。

3. 推动规范性文件指导向案例指导的转化

可以预见,最高人民法院通过规范性文件进行业务指导在一段时间内仍会持续。但通过大量的文件来规范审判工作,毕竟与法院体系内在的司法属性不完全协调,尤其是在当下司法体制改革不断深化的背景下,这样的冲突可能会愈发明显。长期来看,案例指导将会在最高人民法院业务指导方式中发挥更大的作用。“最高人民法院以案例的形式参与公共政策形成,可以实现与我国现有政治体制吻合,能够协调同其他机关之间的关系,规避来自各方面的批评。”②同时,最高人民法院加强案例指导,能够减少规范性文件过于脱离具体诉讼过程的不足,使最高人民法院指导功能的发挥直接立足于具体案件基础上。为此,最高人民法院应当更好地发挥指导性案例、典型案例的积极作用,更多地通过案例内在地表达规范性文件的相关内容,推动最高人民法院业务指导的形式转化。

(三) 优化最高人民法院案例指导工作

目前,我国法院案例指导工作已经具备了较为深厚的理论和实践基础。结合我国当前案例指导的实践状况和发展趋势,应当在以下方面着力完善:

---

① 胡岩:《司法解释的前生后世》,《政法论坛》2015 年第 3 期。

② 张友连:《论最高人民法院公共政策创制的形式及选择》,《法律科学》2010 年第 1 期。

1. 梳理完善最高人民法院案例指导工作体制

通过发布案例来指导下级法院审判工作，越来越多地被最高人民法院所采用。然而，当前最高人民法院在案例指导中存在体系混乱、形式繁杂的问题。除了正在大力推行并分批发布的“指导性案例”外，最高人民法院还会在最高人民法院公报上定期发布“公报案例”、根据经济社会发展形势发布各类“典型案例”、在《人民司法》、《人民法院报》、“审判参考系列丛书”等最高人民法院书刊上发表“案例参考”，以及由最高人民法院不同部门组织的“全国青年法官优秀案例评选”等形式多样的优秀案例评选活动形成的案例等。形式各异、内容庞杂的各类案例对下级法院审判工作都具有一定的指导意义，但显然缺乏统一的形式和体系，不利于案例指导功能的发挥。为此，在当前的制度框架下，最高人民法院应当对案例指导工作进行一次深度梳理和整合，明确具有指导功能的案例选定和发布的主体和程序，形成统一的发布和查询系统。在未来的最高人民法院案例指导中，则应逐步淡化遴选出的典型案例指导，在确立最高人民法院作为最高上诉法院的基础上，主要依靠自身在个案审判中作出的裁判作为下级法院的指导案例。

2. 完善指导性案例的工作程序

指导性案例是当前最高人民法院力推的案例指导方式之一。为进一步完善案例指导工作程序，笔者建议：第一，建立案例推荐报送的激励机制。由于最终发布的指导性案例数量较少，无论是法院内部，还是人大代表政协委员等社会人士推荐案例的动力均较为有限。为此，有必要建立适度的激励机制，且不以案例是否最终被评定为指导性案例为标准。第二，进一步增加指导性案例的有效供给。没有一定的数量积累，指导性案例无法完成指导下级法院审判工作的重任。在继续推进新的指导性案例遴选发布力度的同时，建议最高人民法院重新梳理以往发布的公报案例等权威案例，对符合选编条件的按照指导性案例发布程序提请审判委员会讨论后集中发布。①同时，还要对既有的指导性案例进行定期审查清理，及时发布失效指导性案例清单，避免下级法院在审判过程中受到错误引导。

3. 改变指导性案例参照适用的保障方式

各级法院“应当参照”指导性案例。但是，最高人民法院的这种“自我确权”，事实上仍属于行政化的“适用命令”，不符合《宪法》所确认的上下级法院审级关系和审级独立的内在要求。当然，笔者也赞同指导性案例具有事

---

① 参见左卫民、陈明国主编：《中国特色案例指导制度研究》，北京大学出版社 2014 年版，第 160 页。

实约束力，但这种约束力如何"事实化"，则应当主要借助法定的审级程序加以保障。正如美国法学家梅利曼所说："法官之所以参考案例作出裁判，第一，法官深受先前法院判例的权威的影响；第二，法官不愿独立思考问题；第三，不愿冒自己所作判决被上诉审撤销的风险"。[①]在现行制度下，我国指导性案例的事实约束力也应当通过法定诉讼程序内的上诉审和再审程序加以保障，上级法院在二审程序中发现下级法院裁判没有参照指导性案例，应当予以改判；对下级法院已经发生法律效力的裁判，发现没有参照或参照不当导致裁判错误的，应当依法提起再审。

（四）高级人民法院和中级人民法院的审判指导完善

我国地区差异巨大，在这种情况下，要实现社会治理的科学高效，就必须在中央的统一领导下，充分发挥地方的主动性和积极性，在宪法和法律的框架内赋予地方一定的自主权，由地方结合实际创造性地开展各项工作。[②]为适应各地区具体需要，各高级人民法院和中级人民法院也肩负着结合本辖区特殊经济社会发展状况、指导下级法院进行公正高效审判、促进本辖区内法律适用统一的重任。

然而，高级人民法院和中级人民法院在审判指导工作中，也存在行政命令性手段过多、损害下级法院审级独立、法治统一等方面的不足。在高级人民法院和中级人民法院对下级法院审判指导的完善中，应当注意以下方面：第一，真正清理地方法院制定的司法解释性文件。最高人民法院曾专门发文强调司法解释是最高人民法院的独有职权，地方法院无权制定司法解释性文件，并要求地方法院清理。目前，高级人民法院和中级人民法院仍有不少抽象性规范存在，并强令下级法院必须遵照执行，构成了事实上的司法解释性文件，应当予以彻底清理。第二，尊重法治的统一性。高级人民法院和中级人民法院有权结合地方特色制定审判业务文件和总结审判经验进行审判指导，但这种指导必须在保障国家法治统一的前提下进行，绝不能突破法律、司法解释的规范和精神制定地方审判的"土政策"。第三，有效发挥"参考性"案例指导作用。根据规定，高级人民法院有权发布参考性案例指导下级法院审判工作。由于我国地域差异大，各高级人民法院发布的参考性案例往往具有更强的针对性，应当逐步建立系统化的高级人民法院参考性案例数据库，与最高人民法院指导性案例一起发挥案例指导功能。同时，也应注意参考性案例同样不应被赋予法律上的强制力，不属于下级法院必须适

---

① ［美］约翰·梅利曼：《大陆法系》，顾培东、禄正平译，法律出版社2004年版，第47页。

② 参见吴振钧：《权力监督与制衡》，人民大学出版社2008年版，第287—288页。

用的法律渊源，上级法院仅能通过上诉审或提起再审加以保障。第四，提升条线业务交流培训效果。高级人民法院和中级人民法院组织的各类条线业务交流培训活动，往往具有很强的专业性和可操作性，对于协调辖区审判意见、提升法院审判业务能力具有显著效果。各高级人民法院和中级人民法院应当加大此类培训活动的投入，科学设置培训内容和培训方式，提升业务培训实际效果。

三、审判管理关系之完善

"审判管理，是人民法院通过组织、领导、评价、监督、制约等办法，对审判工作进行合理安排，对司法过程进行严格规范，对审判质效进行科学考评，对司法资源进行有效整合，确保司法公正、廉洁、高效。"①按照上述定义，审判管理包括案件质量管理、效率管理、流程管理、上下级法院的层级管理等方面。实践中，上级法院对下级法院审判管理特别是绩效管理中存在功利主义倾向等方面的不足，导致审判管理在促进司法公正高效方面，并未发挥应有的作用，反而产生了一定的负效应。当然，上下级法院间的审判管理关系并不必然与审级独立相抵触，在充分尊重下级法院独立审判的前提下，上级法院需要建立起规范管理和制度约束基础上的审判管理机制，更好地履行宪法和法律赋予人民法院的重要职责。

（一）确保上级法院审判管理在下级法院审判权外部运行

"审判是第一位的，管理是第二位的，二者关系是主从关系，因此，审判管理必须尊重审判规律，使审判管理各项工作机制和管理的方式方法充分考虑审判工作的特点，符合审判工作实际。"②在上级法院对下级法院的审判管理中，只有让审判管理主体与审判主体相对分离，确保管理在下级法院审判权外部运行，才符合审判管理权的辅助地位要求，否则，就有审判管理权重大越界之虞。

1. 界定审判权和审判管理权的边界

让上级法院的审判管理在下级法院审判权之外运行，有赖于清晰界定审判权与审判管理权的边界，既要防止审判管理的"边缘化、空心化"，又要防止审判管理不当侵入、干扰审判权。首先，在管理对象上限于宏观整体管理而非微观个案管理。上级法院的管理对象必然侧重于下级法院整个法院的审判运行态势的管理，保障法院审判工作健康有序的开展，而微观的个案管理显然不属于这一范畴。其次，在管理内容上注重程序性管理而非实体

---

① 董开军：《加强审判管理　提升案件质效》，《法律适用》2011 年第 12 期。

② 江必新：《审判管理与审判规律抉微》，《法学杂志》2011 年第 5 期。

性管理。上级法院的管理内容主要是集中的程序性管理,保障下级法院和法官依法行使审判权,而实体性的审判管理则更多发生于法院内部,依照法定程序要求案件提交审委会讨论等环节。再次,在管理方式上集中于事前事后管理而非事中管理。为保障下级法院依法行使审判权,上级法院的管理方式应该以事前的审判态势预测分析和事后的评估工作为主。对于审判过程中的管理,应让位于下级法院和法官的自我管理。

2. 切断上级法院审判管理干预下级法院审判的渠道

审判管理作为一种管理活动的实施,内在地蕴含着行政性和扩张性要素。上级法院对下级法院的审判管理同样如此。"由于法官司法的最直接最根本的环境是法院,即使外界要干预法官的独立审判,也多是通过法院(主要是通过法院的院长、庭长等行政领导人)来干预的。"①因此,大力推进法院内部的审判权运行机制改革,遏制法院和法院行政领导在案件审判中的职权外干预,将是切断上级法院审判管理干预下级法院审判渠道的有效方式。在这一改革中,必须积极消除下级法院审判权行使中的行政化因素,进一步明确院长、庭长在法院行政管理中的权力范围,避免对审判组织依法履行审判职责造成干预。同时,"自由裁量是司法专业性的重要体现,法院和法院行政领导的监督和管理中,必须充分尊重法官在审判中的自由裁量权,尊重法官的职业权威和诉讼程序的自治性"。②当前新一轮司法改革中司法责任制改革正在积极推进,司法实践中应当积极落实并不断完善,以此作为改进上下级法院审判管理关系的重要举措。

3. 限制上级法院对下级法院的审判管理方式

"审判管理尽管可以借鉴企业管理的有些思维和经验,却不能完全照搬企业管理的做法。"③如企业管理中通过对生产者发出明确的管理指令来实现相应的管理目标,在管理手段上强调行政化的命令与服从,而在审判管理中,由于管理对象的特殊属性,必须充分尊重审理者的自主性和独立性,不得采取命令和强制性管理方式。对于上下级法院间的审判管理,则更是强调下级法院应有的审级独立,不仅不能直接对承办具体案件的法官、合议庭作出管理指令,也不能对下级法院施加强制性管理。当然,上级法院对下级法院的审判管理本身是一个开放的系统,但是无论是采取何种方式,都必须遵守审判管理与审判本身相分离的原则要求,不直接干预个案审判的过程

① 魏胜强:《法官能动与法院克制——关于我国审判管理体制的思考》,《法学》2010 年第 1 期。

② 胡昌明、杨兵、王耀承:《构建科学的审判管理机制》,《人民司法》2011 年第 1 期。

③ 江必新:《论审判管理科学化》,《法律科学》2013 年第 6 期。

和结果，而是尽可能通过外围的、间接的影响、指引，以及对下级法院审判工作的宏观评价等方式，促使下级法院及其审判组织公正高效履行审判职责，更好地维护人民群众的合法权益。

（二）明确上下级法院审判管理工作的目标任务

通过构筑审判绩效综合考评体系，进行数字化目标管理，显然是一种压制型管理。这种管理的目标和任务是帮助管理者尽可能多的获得法官审判工作的相关信息，以加强审判管理，减少信息不对称的风险，而不是从下级法院和法官出发，更好的服务审判。审判管理实践中目标、价值的错位，导致下级法院对审判管理处于被动应付、服从管理的地位，丧失对审判工作的自我管理和自律意识。为此，首先，要树立上下级法院审判管理工作的服务理念。强调以人为本、服务为先的工作理念，把下级法院和下级法院法官群体的感受和需求放在重要位置，“将上下级法院审判管理工作由单纯以考核排名为主导的控制型管理模式向以评查分析、总结经验、统一司法尺度为主要内容的服务指导型管理模式转变，促进法官司法能力的提升”。①其次，要树立正确的司法政绩观。上级法院对下级法院的审判管理不仅仅是一种管理活动，由于其采用了审判质量评估指标体系等可量化、可比较的管理方式，使得一些上级法院将其作为对下级法院“政绩”考核的方式，一些下级法院也因此积极追求指标数据的排名。应当明确禁止将案件质效评估与司法业绩评价、法官绩效考核简单对等处理，发挥案件质效评估“评”的功能，弱化和去除“比”、“考”的色彩。②在审判管理工作中，上下级法院都应当树立正确的司法政绩观，上级法院不应该将审判管理中的数据指标作为考核评价下级法院工作的主要依据，下级法院也不应该单纯地把争取优秀的评估结果作为工作的主要目标，而是要切实在上级法院审判管理的支持下，真正提升司法能力和履职效果，在社会治理体系中发挥应有的功能。

（三）改进上级法院对下级法院案件质量评估、评查方法

上级法院审判管理工作中，案件质量评估、案件质量评查等管理活动大多由上级法院制定相应的标准、流程并组织实施。由于评估指标存在体系繁杂和指标设计不够科学等方面的缺陷，制约了相关管理机制的功能发挥，也影响了审判管理的本身绩效提升。为了克服对下级法院审判管理中的缺陷，应当对既有的案件质量评估、评查方法进行完善。

---

① 程晓东、邢江孟：《浅议确保审判管理正当性的若干进路》，《法律适用》2013年第4期。

② 重庆市高级人民法院课题组：《审判管理制度转型研究》，《中国法学》2014年第4期。

1. 从定量型评估转向结合型评估

审判质量评估机制是法院内部通过数字化评估指标，对审判工作进行科学考核和民主管理的重要制度。“经过十余年的探索和总结，最高人民法院已经建立起一套较为完善的案件质量评估体系，通过定量的评估促进各级人民法院改进与完善审判工作，保障其审判职能的有效发挥，并最终实现审判质量的不断提高。”①然而，实践中单纯的定量分析也表现出一定的内在不足。“在一定意义上，定量分析是评估的基础，而依据定量分析而进行的定性分析才是真正能够发挥评估价值的结果。”②表层化、简单化的绩效指标设定和运用方式，只能满足法院管理者的管理需要，而无法对法官和法院整体司法能力的长足提高起到实质性的作用。基于审判工作的特点和规律，上级法院对下级法院审判质量评估应当遵循适度量化的原则，引入合理区间等定性评估方式，避免过度量化考核对审判管理的负面效果。

2. 从封闭型评估转向参与型评估

近年来，新的评估导向打破了传统自上而下的“政府单干”的封闭评估模式，形成了上下结合的“政府主导—公民参与”的开放评估模式，使政府更加关注与外部环境的互动，将社会公众引入参与到评估工作来。“法院的公共性质决定了法院评估不能仅由自身来进行，社会信息的获取、反馈和司法效果的提升都需要外部参与。”③长期以来，法院审判工作的公众参与一直存在，只不过在案件质量评估工作领域尚未涉及。在上级法院案件质量评估方案的制定、执行和管理的过程中，社会公众应当能以更直接的方式参与到评估工作中来。第一，公众纳入案件质量评估主体。通过程序设计，设置辖区法院案件质量评估联合工作组，明确构成比例、产生方法以及职权范围，保障公众参与决策的资格和机会。第二，建立公众满意度指标测评的程序规则。详细规定公众的组成人员、构成比例；调查的方式和内容；测评的步骤等，保证测评过程的公开透明和测评结果的公正可靠。第三，建立公众监督质量评估的程序规则。形成事前监督、事中监督和事后监督的立体式程序保障，确保评估信息的采集、评估信息的分析客观、有效。

3. 改进案件质量评查方式

上级法院组织实施的案件质量评查作为审判管理的重要手段，在实践中发挥了提高审判质量、发现冤假错案、化解信访矛盾等方面的积极作用，

---

① 杨飞、张俊文：《案件质量评估语境下的审判管理改革——基于上诉发改率指标管理的实证分析》，《河南大学学报》（社会科学版）2012 年第 2 期。

② 钱锋主编：《审判管理的理论与实践》，法律出版社 2012 年版，第 115 页。

③ 重庆市高级人民法院课题组：《审判管理制度转型研究》，《中国法学》2014 年第 4 期。

目前,最高人民法院所主导和采用的评查方法也基本能够满足需要,但仍有完善空间。首先,要注重案件评查的科学性。目前案件评查的主要方式为上级法院通过抽调人员组成评查队伍,由评查人员抽取所在法院或辖区其他法院的部分案件,依据卷宗材料开展评查,但这种个案评查的方法无论在法理上,还是在实践中都容易受到质疑。"在没有经历过该案的法律程序、也不直接听审、甚至很难仔细阅卷的情况下确定案件办理的质量,容易打破审判的规律。"①为此,在案件评查中应当全面审查所有诉讼材料,在必要的情况下还应当开展调查、听取案件诉讼参与人的意见。其次,要合理利用案件质量评查结果。将质量评查情况作为掌握审判动态、发现审判中的突出问题是较为合理的,但如果仅凭案件评查对法官实施考核和惩戒,其合理性就非常值得怀疑。这是因为,无论案件材料多么详实,都无法真正地还原案件审判的全部过程和当时的客观情况,质量评查人员在事后作出的判断,并不一定是案件审判过程中法官有能力或有必要采取的措施。发现可能造成对法官实施惩戒或对案件提起再审线索的,需要依法经过更加慎重的程序加以处理。

(四)合理把握审判绩效考评的方法与限度

不少上级法院在实施对下级法院的绩效考评时,将质效指标等同于法院和法官的工作实效,单纯将结案率、调解率、上诉率等指标情况作为评价的主要依据。然而,这样的考评方式显然过于简单,未考虑不同法院、不同类型案件间等方面的差异性,也未考虑专业修养、审判能力等指标无法全面反映的因素。法院是由法官组成的,而法官又是审判工作中最具有决定性的因素,绩效考评时必须更加注重考评的公正性和客观性,注重"人"在评价结果产生之前所付出的努力程度,全面分析各项工作的难易程度和人力投入的多少。现阶段,可以借鉴域外国家法官考评的方式,在听取同事、律师以及公众意见的基础上作出全面评价,特别是向直接参与法官审判中的当事人、律师、旁听群众调查了解。上级法院的考评职能部门也应当采取更加务实的工作方法,不能仅凭简单的质效数据和申报材料就判断下级法院的工作实绩,而是要以严谨的工作态度和翔实的资料收集为基础,作出符合客观实际的评价。此外,在绩效考评结果的应用中,还应当充分认识到审判工作是一项内容复杂又密切联系的工作,不能仅仅关注单项工作的绩效考评而忽视对审判工作的整体评价。

四、司法政务管理关系之完善

党的十八届四三中、四中全会明确提出了法院"人财物"省级统管的司

---

① 龙宗智:《审判管理:功效、局限及界限把握》,《法学研究》2011 年第 4 期。

法改革方向，对于解决上下级法院司法管理管理关系中的问题、减少司法"地方化"带来的负面影响有重大意义。当然，这并不意味着提出了人财物省级统管，上下级法院间的司法政务关系就能完全理顺。面对这样的重大改革举措，一方面，我们要在实践中不断探索，匹配相关制度环境，真正将改革措施妥善地加以落实；另一方面，也应在"人财物"省级统管制度改革以外，全面推动上下级法院司法政务关系的科学化。

（一）立法规范我国上下级法院的司法政务管理制度

如前所述，我国《宪法》第132条仅就上下级法院间的审判工作关系作了规定，但没有明确上下级法院间司法政务工作应该如何定位。同样，自从1983年全国人大将"法院司法行政工作由司法行政机关管理"的规定从《人民法院组织法》中删除以后，该法也不再有关于法院司法政务管理工作应如何组织的规定了。最高人民法院也仅仅是在一些规范性文件中明确了行政管理机构的设置和工作规则。"除了各级法院行政领导及法官需由相应级别人大选举或任免以外，上下级法院司法政务管理制度长期缺乏明确的法律依据。正是这种客观情况，造成了上下级法院行政工作条块不清，组织不明，无法形成有机体系。"①一方面，下级法院的司法政务工作还离不开上级法院的支持、协调和监督；另一方面，不规范的政务管理往往又对审级独立造成影响，上下级法院的司法政务管理工作的内容和形式必须符合审判规律的要求，必须受到严格的约束和控制。因此，我们必须尽快通过立法程序建立科学合理的法院政务管理制度，从法律角度明确上下级法院间行政管理关系，确保法院行政管理依附并服务于审判工作，保障不同层级法院依法独立行使审判权。"最高法院已起草相关改革文件，明确上级法院管理、监督和指导下级法院的司法保障管理工作，同时要求上级法院不得干预下级法院依法独立行使审判权。"②我们期待相关立法早日实现。

（二）推动地方三级法院人事权收归省级党委、人大

在现代法治国家中，法官依据国家法律作出有权威性的裁判，国家必须对其提供人事制度上的保障。从理论上说，我国作为单一制国家，法官也应由中央的职能部门，如全国人大常委会任命。但由于我国法官人数太多，现阶段难以实现全部由中央统管。对此，"一方面要继续推进法官员额制改革，大幅度减少法官人数；另一方面可考虑以省一级为单位，对地方

---

① 廖元勋：《法院行政管理制度研究》，《人民司法》2010年第5期。

② 何帆：《论上下级法院的职权配置——以四级法院职能定位为视角》，《法律适用》2012年第8期。

三级法院的院庭长、法官实行由省级党委选拔，省及人大及其常委会统一选举、任命。”①新一轮司法改革的决策者们已经注意到这一问题，将省以下地方法院“人财物”省级统管纳入重要改革范畴。但是，从已有的探索和实践来看，这项改革尚未涉及院长、法官由所在法院同级人大常委会选举、任命的制度改革。为了同时实现法院的“去地方化”和“去行政化”，减少上下级法院在人事管理关系中的行政化因素，长远来看，应当逐步修改宪法和法律，明确地方法院行政领导和法官选任由省级党委和人大负责，同时积极发挥“法官遴选委员会”的职能作用，为党委和人大在相关人事决策中提供充分的信息参考。

（三）建立相对独立的司法政务日常管理机构

在法院的司法政务管理改革中，地方法院“人财物”省级统管的改革方向业已确定，但具体统管的主体、方式、机制，都还有待于科学合理的制度设计与安排。从总体来看，在目前的地方权力架构下，地方法院总体的政务管理“既不能是行政机关，也不应是省级以上司法机关，否则，这将加剧司法机关的垂直控制与管理，成为司法行政化的新形式，乃至高级形式”，②而是应当交由省级党委和人大统一负责，建议在省级人大常委会内部设置专门的司法管理委员会，在人事管理方面，协助党委组织部门对相关人员进行考察，提出辖区各级人民法院院长、副院长、审委会委员、法官的人选建议，由党委审定后提出正式人选建议，并提交省级人大常委会选举、任命；在经费保障方面，由辖区各法院在规定额度内按程序独立作出预算，提交司法管理委员会审核，并由其统一提出省级区域内年度法院工作经费的额度、指标与监督方案，经省级人大常委会批准后执行。

而在法院系统内部，为了处理日常司法政务工作，也需要设置必要的专门机构。笔者建议，以本轮司法改革中法院内部人员分类改革和内设机构改革为契机，借鉴美国等国家法院政务管理方式，在各级法院设置专门的行政事务管理局。建议行政事务管理局由法院专门分管行政事务的副院长担任局长，在院长的监督下，领导司法行政人员统一处理法院行政事务，法院内部原内设机构政治部（含人事、宣传、教育培训等机构）、监察室、研究室、司法行政装备处等不再保留。法院行政事务管理局与各审判业务部门在人员和职能上均相对分离，并始终以审判权为中心，以服务审判为宗旨，不得以任何形式干预案件审判。同时，将上下级法院的行政事务管理局同样定

① 刘会生：《人民法院管理体制改革的几点思考》，《法学研究》2002 年第 3 期。

② 马长山：《新一轮司法改革的可能与限度》，《政法论坛》2015 年第 5 期。

位于监督和被监督的关系，共同做好法院司法行政方面的服务和保障工作。

（四）发挥上级法院对下级法院司法政务的指导和协调功能

法治因统一而彰显平等和权威，而司法的统一离不开协调的法院政务管理加以保障。上级法院在对下级法院的司法政务管理工作中，必须承担起专业性的指导和协调职能，同时将不同层级法院的政务管理要求加以收集整理，利用自身优势资源加以满足。如信息化发展要求法院系统的行政装备统一协调，上级法院必须在辖区内对相关的技术、装备加以统筹、协调；在司法不公、司法腐败等问题仍较为突出的情况下，法院纪检监察工作作为法院内部的监督方式，理应发挥更大的作用。这就需要上级法院对下级法院相关工作加强督促和协调辖区内法院的监察工作。

当然，法院司法政务管理有其特殊性，其存在的全部价值就体现在对法院系统的正常运行保障，以及对法院依法独立公正审判的有力支持上，上下级法院间司法政务管理关系必须以服务审判工作为宗旨，并以尊重审级独立为限。因此，在强调上级法院对下级法院政务管理工作的指导和协调的同时，也要时刻注意尊重下级法院独立性，强调管理的程序性和规范性，防止为不当干预下级法院审判工作留下权力空间。

（五）加强上级法院对下级法院司法政务的监督

与审判工作类似，法院的司法政务工作同样也离不开全面有效的监督，有必要充分发挥上级法院监督下级法院的重要职责。对下级法院司法政务工作的监督，应当从以下几个方面做好工作：第一，确立和完善法院系统的内部监督体系。司法机关内部监督可以分为对审判工作的监督和对司法政务工作的监督两个部分，这两部分职责目前主要都是由法院内部的监察部门承担，上级法院监察部门理应加强对下级法院监察部门的业务指导和工作支持，确保法院内部监督机制有效运转。需要说明的是，目前制度上明确上级法院领导下级法院监察工作有助于提高工作力度，但存在加剧上下级法院关系行政化的可能，建议变更为监督和指导关系。第二，基于上级法院在审判工作中合法监督所形成的“优势地位”，以及上级法院在法院司法政务工作中的专业性，上级法院在人事管理、队伍建设、财务管理、后勤装备、信息化建设等诸多方面，应当在加强条线指导协调的基础上，进一步发挥相关领域的监督职能，确保下级法院相关领域的工作符合规范要求、符合工作司法要求、符合国家经济社会发展要求。第三，支持专门机关的职业、法律监督。在本轮司法改革中，建立“法官惩戒委员会”等专门职业监督机构是其中的重要内容。然而，仅靠此类机构显然无法完成对所有法官的全部履职活动进行监督，其调查处理违规法官的功能发挥显然离不开上级法院的专业支持。

第三节　上下级法院关系改革的实现路径

面对我国上下级法院关系的诸多困境，我们要在确立奋斗目标的基础上，结合当下司法改革和经济社会发展状况，妥善推进上下级法院关系改革。当然，改革必然会面临诸多的困难和阻碍，必须要有一个科学的总体方法和路径规划。笔者认为，我国上下级法院关系改革要在制度上稳步推进宪法和法律的修订，在环境上充分借势本轮司法改革潮流，在资源支撑上利用地方人大对地方法院的制约和监督，在推动主体上充分发挥最高人民法院的重要功能。

一、结合实际逐步推进宪法和法律的修订

由于上下级法院关系问题涉及面广，又与司法体系等存在着极为密切的关系，故解决上下级法院关系问题，绝不是一朝一夕或者是某一项制度的简单变革就可以实现的，而是一个相当庞杂的系统工程。为此，解决上下级法院关系问题，实现制度有效完善，要根据政治经济社会的承受能力稳步推进，让法院组织体系改革与国家经济社会发展大局相协调。

具体来说，通过宪法和法律的修订推进上下级法院关系改革需要遵循以下要求：首先，做好上下级法院关系改革的顶层设计。顶层设计的本义是统筹考虑项目各层次和各要素，追根溯源，统揽全局，在最高层次上寻求问题的解决之道。由于上下级法院关系改革涉及不同层级法院的权力再分配、法院设置的调整、法院人事制度和经费预算制度改革等重大问题，关系到司法体制，甚至是整个国家的政治体制的不同方面，因此，必须在科学的顶层设计基础上逐步推进。其次，不能超越司法发展所处的历史阶段。有关上下级法院关系的规则修订，必须与国情相适应，与政治经济发展状况、人们的观念水平相适应，过于超前的改革措施达不到目的，难以在司法实践中发挥应有作用。再次，符合时代发展的要求。党的十八届三中、四中全会及十九大对新一轮司法改革进行了全面部署，审判权运行机制改革、法院人员分类管理改革、司法责任制改革等各项司法改革举措都在深入推进当中。在这样的背景下，我们既要将上下级法院关系的相关立法完善纳入司法改革的整体规划中去，也要在符合司法改革方向的基础上逐步推进。

根据上述要求，反观我国宪法和法律中有关上下级法院关系的条文修订，应当说，我国《宪法》第 132 条关于“上级人民法院监督下级人民法院的审判工作”的规定和第 131 条关于“人民法院依照法律规定独立行使审判

权”的规定为上下级法院间的审级独立提供了基本宪法依据，虽有欠缺，但仍为我国当前上下级法院关系改革留下了较为充足的宪法空间。因此，制度变革首先需要的是按照需求，推进我国法院组织法和“三大诉讼法”的修改，如准确划分不同层级法院的一审案件管辖权，明确下级法院不得就自己正在审理的案件向上级法院进行请示，进一步限定上级法院改判、发回重审、启动再审的条件和程序，梳理修订现有的审判指导、审判管理和司法政务管理等方面的规范，并上升为法律规范，等等。当然，在依法治国得到有效落实、国家法治建设水平大幅提升的未来，一旦条件成熟也应当积极推动对《宪法》相关条文的修订。笔者建议，《宪法》第 132 条可以在内容上扩展为全面的上下级法院关系规范，改为：（第一款）最高人民法院是最高审判机关。（第二款）最高人民法院监督、指导地方各级人民法院和专门人民法院的审判工作，上级人民法院监督、指导下级人民法院的审判工作。（第三款）最高人民法院监督、协助地方各级人民法院和专门人民法院的管理工作，上级人民法院监督、协助下级人民法院的管理工作。同时，将独立审判从法院延伸到法官、合议庭，并涵盖不同层级法院之间的审级独立。为此，建议将《宪法》第 131 条改为：依法成立的审判组织依照法律规定独立行使审判权，非经法定程序不受干涉。

二、借势新一轮司法改革推动上下级法院关系完善

如前所述，上下级法院关系改革是一个系统性工程，由于客观条件所限，还面临着不少的困难和障碍。从改革内容上看，一方面，上下级法院关系存在审级关系、审判指导、审判管理和司法政务管理等多个方面，单独解决某一领域内的问题都不足以从根本上形成符合司法规律、符合宪法法律要求的上下级法院关系。需要统筹、协调多个领域相互配合，共同完成上下级法院关系的改革和优化；另一方面，单个法院是一个由行政管理人员、法官、司法装备等要素构成的组织体，并在社会环境和法律体系中依照法律规定实施案件裁判和其他相关工作，整个法院体系更是由不同层级的法院，按照一定的组织原则形成的分工、协作系统，相关改革需要与整体性的司法改革要求相协调。为此，必须将上下级法院关系改革纳入国家司法体制机制改革的总体布局中加以考虑，并借助司法改革的整体部署协调推进上下级法院关系改革。

改革开放以来，系统化的司法改革起始于最高人民法院第一个五年改革纲要。1999 年，最高人民法院根据党的十五大关于推进司法改革的要求，制定并发布了《人民法院五年改革纲要》，对当时全国法院的司法改革作了统一部署。应当说，近 20 年的时间里，法院司法改革的步伐从未停止，并取

得了非凡的成就，但在改革的广度和深度方面仍有不少缺憾。2013 年，党的十八届三中全会通过了《关于全面深化改革若干重大问题的决定》，在对“建设法治中国”做出整体部署的同时，也对深化司法体制改革提出了新的要求，从而启动了新一轮司法体制改革。此后，从中央全面深化改革领导小组的司法改革意见、各司法改革试点的工作方案，到党的十八届四中全会通过《关于全面推进依法治国若干重大问题的决定》，连续推出司法机关人财物管理体制，完善审级制度等重大司法改革措施。2015 年 2 月，修订后的《人民法院第四个五年改革纲要》由最高人民法院发布，又提出了立足社会主义法治体系和公正司法制度建设的“全面深化改革”意见，实现了司法改革的全面“提速”。这无疑具有超出以往历次司法体制改革的重大意义、使命和可能空间。①

从这一轮司法改革的实践来看，一批改革任务通过法律的制定和修改已经基本完成，如取消劳动教养制度；一批有影响力的改革措施正在推进，如立案登记制度、强化司法公开、司法责任制完善等；一批重大改革试点正在有序推进，如设立跨行政区域的法院、省以下地方法院检察院人财物省级统管，等等。实现我国上下级法院关系完善，借势本轮司法改革，有效推进改革举措的落实应当是最合理的选择。在本轮改革中，与上下级法院关系密切相关的举措包括“明确各级法院职能定位、规范上下级法院审级监督关系、改革司法机关人财物管理体制、改革案件级别管辖制度和提级管辖制度、完善发回重审和指令再审文书的公开释明机制和案件信息反馈机制”等。这些改革举措既重点突出，又与其他改革密切联系，在顺应司法改革总体部署和制度要求的情况下，促使各项制度完善协同推进，寻求改革瓶颈的有效突破，在最大程度上取得改革实效。

现阶段，国家正在大力推进司法责任制改革，其目的就是要实现“让审理者裁判、由裁判者负责”的目标，而这也正是我国上下级法院关系改革的重要内容之一。法官作为审判权的直接行使者，在上下级法院关系中的角色地位极为重要。可以说，当下积极推动上下级法院关系改革，明确下级法院法官的主体地位、保障其独立履行职责的“司法责任制”是当前一个重要的突破口。借助这一改革，树立法官作为审判权运行核心的观念，以个体性质的法官作为着力点，确保上下级法院法官在履行各自职能过程中，在充分尊重各自职权相对独立的基础上实现审判指导、审判管理以及相应的司法政务管理，最终形成上下级法院的良性互动关系。

---

① 参见马长山:《新一轮司法改革的可能与限度》,《政法论坛》2015 年第 5 期。

三、以法院与人大关系制衡上下级法院关系的异化

人民代表大会制度是我国的根本政治制度，全国人大是最高国家权力机关，地方人大是地方国家权力机关。在我国，国家的一切权力属于人民，人大之所以为国家权力机关是我国对国家权力的二次划分的结果。第一次划分，是由作为国家主权所有者的人民以选民的身份，通过直接选举或间接选举的方式，将全部的国家权力委托给人大机关行使。通过人民的委托，人大成为国家权力集中的唯一机关。它制定代表国家意志的法律，产生实现国家意志的其他机关。但是，人大虽然是独自掌握国家权力的机关，却不独自行使国家权力，而是将国家权力的一部分二次委托给由它产生的其他国家机关行使。作为国家权力所有者——人民的唯一代表，人大要求由其产生的法院向其负责，并对法院行使权力的情况进行监督，就是一种合乎逻辑的必然要求。因此，在《宪法》第 3 条中明确规定："中华人民共和国的国家机构实行民主集中制的原则。全国人民代表大会和地方各级人民代表大会都由民主选举产生，对人民负责，受人民监督。国家行政机关、审判机关、检察机关都由人民代表大会产生，对它负责，受它监督。"第 133 条规定："最高人民法院对全国人民代表大会和全国人民代表大会常务委员会负责。地方各级人民法院对产生它的国家权力机关负责。"

实践中，上下级法院之间出现审级监督关系向全面的领导与被领导关系的异化，特别是司法政务管理方面的"垂直管理"倾向，与"法院—人大"关系的虚化不无关系。从我国宪法所设定的制度框架来看，各级法院除了需要向法律负责——依照法律规定独立行使审判权外，就是要向产生它的人大及其常委会负责，下级法院依法不需要接受上级法院的"领导"，也不需要向上级法院负责。随着近年来国家法治建设的不断推进，人大"橡皮图章"的地位得到了一定改善，但人大对法院的监督仍显得不够有力，人大对法院的人事任免权也在一定程度上被上级法院的"协管"所削弱，甚至在法院"人财物省级统管"的改革设计中，也是在一定程度上将地方人大及其常委会的选举和任免作为履行法律手续的"程序性"事项予以考虑的。有效落实人大对法院的依法监督，促使各级法院更好地向产生它的人大负责，既不与司法的"去地方化"改革相抵触，又能在很大程度上制衡上级法院对下级法院的全面管控，更好地保障上下级法院间的审级独立。

"人大监督工作容易搞虚，不容易做实。"①增强实效是做好人大监督工

---

① 沈斌：《做实人大监督工作应把握的几个问题》，载中国人大网 http://www.npc.gov.cn/npc/zt/qt/dfrd30year/2011-03/16/content_1647691.htm，2016 年 2 月 14 日访问。

作的关键。一方面，落实人大对法院的人事管控权。法院、检察院向同级人民代表大会负责并报告工作，以及接受监督，都是以地方人民代表大会掌握同级法院、检察院人事管理权为前提的。①在中国现有的司法体制下，人大进行司法监督，就是要把监督事和监督人统一起来，人大对司法公正的认可最终要体现在对法官个人价值的认可上。当务之急是完善法院院长的选举机制和副院长、审委会委员、庭长、副庭长、审判员的任命机制，建立任前考察机制，同时采取恰当的形式，监督法官品行和素养是否良好，有否收受贿赂、徇私枉法、徇情枉法等与法官职务不相称的行为，一旦发现有这些行为，即可予以罢免、撤职、免职等。另一方面，改进人大对法院的监督方式。在组织保障方面，可在各级人民代表大会或常务委员会设立专门的司法监督委员会，提高监督的针对性；在措施方面，除继续发挥询问、要求专项报告等制度的作用外，还应加强质询、特定问题调查等更有力度的监督方式的运用；在信息掌握方面，应加强对人大代表的培训、更多地组织代表视察法院工作、旁听庭审等，更好地了解法院工作。当然，在强化人大对法院的监督过程中，不能因监督而否定独立审判。人大作为权力机关，有权对法院进行监督，人大及其代表对法院的办案活动可以提出批评和意见，但监督不等于可以代替法院作出裁判，无论是独立审判还是接受监督，都必须以法律为依据和标准。

四、发挥最高人民法院在上下级法院关系改革中的特殊作用

"最高法院是一个国家制度体系中居于司法体系最高位阶的法院，具有终极的国家审判职能和强大的社会控制功能，它通常为一个国家的宪法、司法习惯和法律文化所界定并成为一国政治权力体系的重要组成部分。"②从各国最高法院的设置和运行来看，其主要发挥司法性功能和政治性功能。对于司法性功能，最高法院是一个法院，需要履行最基本的案件审判职能。但是，最高法院居于一个国家法院系统的顶端，大多享有最终的上诉管辖权和案件终审权，并以此来监督下级法院的审判，具有极高的权威性。对于政治性功能，是指最高法院以司法性功能发挥为基础，在国家权力体系和社会运行方式中的角色和担当。一方面，最高法院要担负起国家法院体系的统领和整合职能，在监督协调法院系统正常运行的同时，确保法律适用和法治的统一；另一方面，最高法院要发挥公共政策形成的功能，随着"政治司法

---

① 参见刘松山：《地方法院、检察院人事权统一管理的两个重大问题》，《法治研究》2014 年第 8 期。

② 左卫民等：《最高法院研究》，法律出版社 2004 年版，第 3 页。

化”历程的推进，“法院和法官开始制定或逐渐掌握公共政策形成，而非司法的决策范围也逐渐由司法规则和程序所掌握”。①最高法院在公共政策形成中发挥了越来越重要的作用。

根据上述功能定位，各国宪法和法律大多赋予了最高法院审判性权力、立法性权力和管理性权力。审判性权力是指其具有的通过审判对个案作出裁判的权力，这一权力往往是法院系统内最高的且是最终的。立法性权力则是最高法院通过作出具有约束力的“判例”或直接出台抽象性的规范来实现立法或规则的制定。管理性权力则主要表现为最高法院对法院系统总体性的司法资源配置和行政事务的管理。②

我国的最高人民法院同样具有上述基本定位和权力体系，基于其特殊的功能和地位，在包括司法改革在内的国家法治建设中发挥着不可替代的作用。从历史上看，在党和国家作出司法改革的战略部署后，大多是由最高人民法院来主导和推动改革的落实。特别是自20世纪末开始，最高人民法院连续制定了四个“人民法院五年改革纲要”并监督组织各级法院遵照实施，有力地保障了司法改革各项内容在司法实践中加以落实。在上下级法院关系改革作为新一轮司法改革的重要方面，同样需要最高人民法院利用自己的专业性、权威性和影响力，结合司法需求和客观环境，根据宪法和法律的框架设定制定出“相对合理”的具体改革方案，并协调、督促各方，为改革争取最大限度的资源支持。同时，对于上下级法院关系改革来说，最高人民法院还具有另一层级的特殊性，即最高人民法院本身的定位和各项履职行为就是改革的核心内容和关键环节，只要最高人民法院将各项改革举措落实到位，必将为全国范围内不同层级的上下级法院关系形成良好示范，不同层级法院之间的审级独立以及非审判工作的良性互动也将更容易实现。

① C.Neal Tate & Totbjrn Wallinder, The Global Expansion of Judicial Power, New York University Press, 1996, p.65.

② 参见左卫民等:《最高法院研究》,法律出版社2004年版,第17—21页。

结　论

一个国家良好的司法系统,必然建立在良好的上下级法院关系之上。科学合理的上下级法院关系是法院实现宪法赋予的审判职能、担负起维护社会公平正义责任的重要条件,也是我国司法改革和法治建设过程中必须认真应对的问题。

我国《宪法》第 132 条规定:“最高人民法院是最高审判机关。最高人民法院监督地方各级人民法院和专门人民法院的审判工作,上级人民法院监督下级人民法院的审判工作。”该条规定明确了我国上下级法院之间在审判工作方面是“监督与被监督”的关系。然而,在理论界和实务界通常被统称为“司法机关”的检察院,其上下级机关关系在《宪法》中则有明显不同。《宪法》第 137 条规定:“最高人民检察院领导地方各级人民检察院和专门人民检察院的工作,上级人民检察院领导下级人民检察院的工作。”显然,宪法对这两类机关的上下级关系的不同设定是有意为之。

但这背后的价值理念是什么呢? 是为了保障独立行使审判权或检察权吗? 笔者认为是,但又不完全是。从《宪法》第 132 条的文本分析即可看出,国家根本大法明确规定上级法院监督下级法院的审判工作,首先是为了排除上级法院对下级法院审判工作的直接领导权,自然是为了保障下级法院依法独立行使审判权。然而,我们也注意到,《宪法》第 131 条和第 136 条有关“人民法院(检察院)依照法律规定独立行使审判权(检察权),不受行政机关、社会团体和个人的干涉”的规定是相同的,这并不能直接推导出宪法应当对上下级法院、检察院关系作出不同规定。因此,对《宪法》第 132 条的特殊规定内在的宪法精神,我们应当作更深一步的理解。事实上,法院和检察院虽然均被授予了依照法律独立行使相关权力的保障,但由于审判权的本质是一种判断权,并在“建设社会主义法治国家”的制度框架内被授予极高的权威性,是社会公平正义的最后一道防线,必须在更高程度上保障法院独立、公正的地位,确保其依法公正高效地作出案件裁判。这种更高程度的保障,不仅要求整个法院体系独立于行政机关、社会组织和个人,而且更要求单个法院在依法履行审判职责的时候也独立于法院系统内部,特别是具有更多资源的上级法院。同时,虽然宪法和法律对上下级法院间其他工作关系并没有作出明确规定,但从《宪法》第132条所蕴含的精神和原则来看,同样要求上下级法院间非审判工作关系必须服务于审判职能,并且决不能损害上下级法院间应有的审级独立。相比较而言,检察院在多数情况下并不作出最终的判断,同时在履行部分犯罪侦查职能中也要求具有较高的时效性和强制性,所以,宪法仅要求其整体独立并实施"检察一体"的管理体制。

应当说,我国宪法和法律对上下级法院关系的基本定位是科学的,也符合推动我国法治建设的要求。然而,当前我国上下级法院关系的实际运行中,却给人一种"上级法院领导下级法院"的直观感受。通过对实践的检视和分析,我们可以看出:在审判工作关系方面,存在案件汇报请示仍广泛存在、上级法院发回重审和提起再审的不当实施等方面问题,使得下级法院在个案层面受到上级法院的压制;在审判指导和审判管理关系方面,包括最高人民法院在内的上级法院致力于在法律之外,为下级法院的审判设定更加明确的规则,并赋予指导意见对下级法院的约束力。同时,上级法院不断加强对下级法院行政化的审判管理,上级法院在宏观层面实现对下级法院审判的行政化管控。在司法政务管理关系方面,上级法院通过对法院干部的"协管权"以及司法改革中的主导地位,在上下级法院司法政务管理关系中表现出全面"领导化"特征。从实践状况的梳理来看,我国当前的上下级法院关系与宪法的基本定位并不一致,无论是具体的审级制度设计,还是非审判工作关系的具体运行,都与宪法和法律所要求的审级监督和审级独立的要求存在一定差距。

上下级法院关系的实践偏差,在保持法院系统合理架构、保障各级法院依法独立公正行使审判权、保护当事人依法享有的程序权利和实体权利等方面,都已经造成了负面影响,也损害了党和国家"依法治国"重大战略部署的正常推进。我国上下级法院关系亟需加以改革,回到宪法和法律所设定的正确轨道上。然而,"回归"并不意味着单纯的去除上下级法院关系中的行政化因素,甚至是取消非审判工作关系即可实现。立足当下,我们也要看到当前完善我国上下级法院关系的客观条件尚有诸多不足,如司法改革对历史路径依赖、国家治理结构的影响、立法本身的制约、社会环境中法治要素的缺失,等等。基于相对合理主义的要求,当前我国上下级法院关系应当在现有条件下,努力实现上下级法院间审级职能的科学发挥、追求上级法院对下级法院审判指导的本意回归、坚持上下级法院间尊重审判规律的审判管理、建立科学的上下级法院司法政务关系、实现司法政策理念的有效传递。

对于当前我国上下级法院关系状态的不足，我们需要坚持“审级独立、有效监督、服务审判”的基本理念，借鉴域外法治发达国家的实践经验，在全面推进依法治国建设和本轮司法改革的宏观背景下逐步推进。在审级关系改革方面，逐步取消在审案件请示汇报，完善发回重审程序，改革上级法院提起再审制度，规范管辖权变更；在审判指导方面，进一步规范司法解释，改革最高人民法院规范性文件指导方式，推动最高人民法院案例指导工作发展，并在此基础上，推动高级人民法院和中级人民法院对下级法院的审判指导完善；在审判管理方面，确保上级法院审判管理在下级法院审判权外部展开，把握上级法院审判绩效考核的方法与限度；在司法政务管理方面，通过立法规范我国上下级法院的司法行政管理制度，在尊重地方各级人大权威的基础上推动地方法院人事权收归省级党委、人大，建立相对独立的司法政务日常管理机构，加强上级法院对下级法院司法政务的监督。

当然，改革不可能一帆风顺，必然会遇到各种各样的困难和阻碍，结合实际寻找一个科学的总体方法和路径规划才能做到“事半功倍”。我国上下级法院关系改革，在理念层面，需要改革的设计者和推动者形成科学的理论共识；在操作层面，要在制度上稳步推进宪法和法律的修订；在环境上充分借势本轮司法改革潮流；在资源支撑上利用地方人大对地方法院的制约和监督；在推动主体上充分发挥最高人民法院的重要功能。

在当前司法改革的大背景下，根据既定目标和总体改革部署，有效地推进上下级法院关系改革，维护法院基本的审级独立、保障司法公正和当事人的程序权利、科学落实省以下法院“人财物”省级统管，都是我们亟需解决的问题。但是，我们也应当清楚，这一目标绝非单纯的某些制度的变革或法院系统的“自我救赎”就可以实现的，需要更宏观的国家治理结构完善、法院和人大关系的合理定位、社会法治共识形成等诸多因素的配合与支持。我国上下级法院关系的真正理顺，还有很长的路要走。改革之途曲折艰辛，好在我们已经迈步前行。

参考文献

一、著作及译著类

1.《马克思恩格斯选集》(第四卷),人民出版社 1995 年版。

2.《列宁全集》(第六卷),人民出版社 1956 年版。

3.《毛泽东选集》(第三卷),人民出版社 1991 年版。

4.《邓小平文选》(第二卷),人民出版社 1983 年版。

5.《邓小平文选》(第三卷),人民出版社 1993 年版。

6.《江泽民文选》(第一卷),人民出版社 2004 年版。

7.《习近平谈治国理政》,外文出版社 2014 年版。

8. 童之伟:《法权与宪政》,山东人民出版社 2001 年版。

9. 童之伟:《国家结构形式论》(第二版),北京大学出版社 2015 年版。

10. 王月明:《地方公共权力监督制约体制研究》,法律出版社 2012 年版。

11. 王月明:《宪法学基本问题》,法律出版社 2006 年版。

12. 张明军、吴新叶、李俊等:《当代中国政治社会分析》,中央编译出版社 2008 年版。

13. 许安标、刘松山:《中华人民共和国宪法通释》,中国法制出版社 2003 年版。

14. 季卫东:《法律秩序的建构》,中国政法大学出版社 1999 年版。

15. 左卫民等:《最高法院研究》,法律出版社 2004 年版。

16. [英]罗杰·科特威尔:《法律社会学导论》,潘大松等译,华夏出版社 1989 年版。

17. [美]艾伦·豪切斯泰勒·斯黛丽、南希·弗兰克:《美国刑事法院诉讼程序》,陈卫东等译,中国人民大学出版社 2002 年版。

18. [法]达维德:《当代主要法律体系》,阎克文译,上海译文出版社 1984 年版。

19. [美]凯尔森:《法与国家的一般理论》,沈宗灵译,中国大百科全书出版社 1996 年版。

20. [德]拉德布鲁赫:《法学导论》,米健、朱林译,中国大百科全书出版社 1997 年版。

21. [英]培根:《论司法》,水天同译,商务印书馆 1983 年版。

22. [日]谷口安平:《程序的正义与诉讼》,王亚新、刘荣军译,中国政法大学出版社 1996 年版。

23. 朱立恒:《刑事审级制度研究》,法律出版社 2008 年版。

24. 龚刃韧:《现代日本司法透视》,世界知识出版社 1993 年版。

25. 谭世贵、梁三利等:《法院管理模式研究》,法律出版社 2010 年版。

26. 左卫民、周长军:《变迁与改革——法院制度现代化研究》,法律出版社 2000 年版。

27. [英]M.J.C.维尔:《宪政与分权》,苏力译,生活·读书·新知三联书店 1997 年版。

28. 吴振钧:《权力监督与制衡》,人民大学出版社 2008 年版。

29. [英]罗杰·科特威尔:《法律社会学导论》,潘大松等译,华夏出版社 1989 年版。

30. 谭世贵:《司法独立问题研究》,法律出版社 2004 年版。

31. 张懋、蒋惠岭:《法院独立审判问题研究》,人民法院出版社 1998 年版。

32. 龚祥瑞:《西方国家司法制度》,北京大学出版社 1993 年版。

33. 孙万胜:《司法权的法理之维》,法律出版社 2002 年版。

34. 许崇德:《中华人民共和国宪法史》,福建人民出版社 2003 年版。

35. 王德祥、徐炳:《〈中华人民共和国宪法〉注释》,群众出版社 1984 年版。

36. 蔡定剑:《宪法精解》,法律出版社 2006 年版。

37. 许崇德:《中国宪法》(修订版),中国人民大学出版社 1996 年版。

38. [德]卡尔·拉伦茨:《法学方法论》,陈爱娥译,商务印书馆 2003 年版。

39. [美]本杰明·卡多佐:《司法过程的性质》,苏力译,商务印书馆 2000 年版。

40. [法]孟德斯鸠:《论法的精神》,张雁深译,商务印书馆 1987 年版。

41. [法]托克维尔:《论美国的民主(上卷)》,董果良译,商务印书馆 1991 年版。

42. 季卫东:《法治秩序的构建》,中国政法大学出版社 1999 年版。

43. 杜豫苏:《上下级法院审判业务关系研究》,北京大学出版社 2015 年版。

44. 苏力:《送法下乡——中国基层司法制度研究》,中国政法大学出版社 2000 年版。

45. 李昌林:《从制度上保证审判独立:以刑事裁判权的归属为视角》,法律出版社 2006 年版。

46. [美]约翰·罗尔斯:《正义论》,何怀宏等译,中国社会科学出版社 1998 年版。

47. [美]戈尔丁:《法律哲学》,齐海滨译,生活·读书·新知三联书店 1987 年版。

48. 赖波军:《司法运作与国家治理的嬗变——基于对四川省级地方法院的考察》,北京大学出版社 2015 年版。

49. [美]达玛斯卡:《司法和国家权力的多种面孔》,郑戈译,中国政法大学出版社 2004 年版。

50. [德]施路赫特:《理性化与官僚化》,顾忠华译,广西师范大学出版社 2004 年版。

51. [美]查尔斯·T.葛德塞尔:《为官僚制正名——一场关于公共行政的辩论》,张怡译,复旦大学出版社 2007 年版。

52. 张卫平等:《司法改革:分析与展开》,法律出版社 2003 年版。

53. 王利明:《司法改革研究》,法律出版社 2000 年版。

54. [美]约翰·梅利曼:《大陆法系》,顾培东、禄正平译,法律出版社 2004 年版。

55. 蔡墩铭:《两岸比较刑事诉讼程序法》,台湾五南图书出版公司 1996 年版。

二、主编类

1. 童之伟、殷啸虎主编:《宪法学》(第二版),上海人民出版社、北京大学出版社 2010 年版。

2. 童之伟、沈福俊、王月明主编:《法学的历史(第七卷):宪法、行政法卷(1981—2011 年)》,法律出版社 2012 年版。

3. 王月明主编:《宪法:案例与图表》,法律出版社 2010 年版。

4. 朱应平、王月明主编:《宪法学教学理论与实践》,法律出版社 2011 年版。

5. 朱应平主编:《宪法学基础》,北京大学出版社 2016 年版。

6. 张明军、孙力主编:《政治科学导论》,北京大学出版社 2007 年版。

7. 宋冰编:《读本:美国和德国的司法制度及司法程序》,中国政法大学出版社 1999 年版。

8. 公丕祥主编:《审判管理理论与实务》,法律出版社 2010 年版。

9. 沈志先主编:《法院管理》,法律出版社 2013 年版。

10. 最高人民法院司法改革小组编:《美英德法四国司法制度概论》,人民法院出版社 2002 年版。

11. 陈光中、丹尼尔·普瑞方廷主编:《联合国刑事司法准则与中国刑事法制》,法律出版社 1998 年版。

12. 左卫民、陈明国主编:《中国特色案例指导制度研究》,北京大学出版社 2014 年版。

13. 人民法院出版社法规编辑中心编:《解读最高人民法院请示与答复》,人民法院出版社 2010 年版。

14. 张军主编、胡云腾副主编:《刑事诉讼法适用解答》,人民法院出版社 2012 年版。

15. 全国人大常委会法制工作委员会民法室编:《中华人民共和国民事诉讼法条文说明、立法理由及相关规定》,北京大学出版社 2012 年版。

16. 杨荣馨主编:《民事诉讼原理》,法律出版社 2003 年版。

17. 最高人民法院司法改革领导小组办公室编:《〈最高人民法院关于全面深化人民法院改革的意见〉读本》,人民法院出版社 2015 年版。

18. 柴发邦主编:《中国民事诉讼法学》,中国人民公安大学出版社 1992 年版。

19. 王怀安主编:《中国民事诉讼法教程》(新编本),人民法院出版社 1992 年版。

20. 陈卫东主编:《模范刑事诉讼法典》,中国人民大学出版社 2005 年版。

21. 张千帆编:《宪法学导论》,法律出版社 2004 年版。

22. 张军主编:《人民法院案件质量评估体系理解与适用》,人民法院出版社 2011 年版。

23. 韩大元主编:《外国宪法(第四版)》,中国人民大学出版社 2015 年版。

24. 王公义主编:《中外司法体制比较研究》,法律出版社 2013 年版。

25. 钱锋主编:《审判管理的理论与实践》,法律出版社 2012 年版。

26. 最高人民法院办公厅编:《司法政务管理与指导》,人民法院出版社

2010 年版。

27. 万鄂湘主编:《审判权运行与行政法适用问题研究》,人民法院出版社 2011 年版。

28. 陈光中主编:《依法治国　司法公正——诉讼法理论与实践(1999 年卷)》,上海社会科学出版社 2000 年版。

29. 徐剑、何渊编:《中国法学最高影响论文评价》,上海交通大学出版社 2009 年版。

30. 万鄂湘主编:《建设公平正义社会与刑事法律适用问题研究》,人民法院出版社 2012 年版。

31. 万鄂湘主编:《探索社会主义司法规律与完善民商事法律制度研究》,人民法院出版社 2011 年版。

32. 苏泽林主编:《法官职业化建设指导与研究》,人民法院出版社 2004 年版。

33. 最高人民法院办公厅编:《司法政务管理与指导》,人民法院出版社 2010 年版。

三、杂志类

1. 王祺国:《关于审级独立》,《杭州商学院学报》2004 年第 1 期。

2. 侯猛:《案件请示制度合理的一面》,《法学》2010 年第 8 期。

3. 王申:《西方学者眼中的中国司法改革》,《法学》2004 年第 10 期。

4. 艾佳慧:《中国法院绩效考评制度研究——“同构性”和“双轨制”的逻辑及其问题》,《法制与社会发展》2008 年第 5 期。

5. 杨帆、黄斌:《试论我国林区法院的设置改革》,《法律适用》2011 年第 7 期。

6. 周占生:《关于“应然”和“实然”的法哲学思考》,《河南大学学报》(社会科学版)1994 年第 3 期。

7. 何帆:《论上下级法院的职权配置——以四级法院职能定位为视角》,《法律适用》2012 年第 8 期。

8. 周祖成:《论行政主导对我国走向法治的影响》,《社会主义研究》2002 年第 6 期。

9. 黄韬:《最高人民法院的司法文件:现状、问题与前景》,《法学论坛》2012 年第 4 期。

10. 胡夏冰:《审判管理制度改革:回顾与展望》,《法律适用》2008 年第 10 期。

11. 陈瑞华:《程序正义的理论基础——评马修的“尊严价值理论”》,《中国法学》2000 年第 3 期。

12. 蒋惠岭:《上下级法院关系改革的思路》,《法制资讯》2009 年第 5 期。

13. 韩静茹:《错位与回归:民事再审制度之反思——以民事程序体系的新发展为背景》,《现代法学》2013 年第 2 期。

14. 陈颐:《萨维尼历史法学方法论简释——以〈论立法与法学的当代使命〉为中心》,《比较法研究》2005 年第 5 期。

15. 何家弘:《司法公正论》,《中国法学》1999 年第 2 期。

16. 张骐:《尊重司法规律、实现司法独立、建设法治中国》,《法制与社会发展》2014 年第 6 期。

17. 胡玉鸿:《马克思恩格斯论司法独立》,《法学研究》2002 年第 1 期。

18. 蔡彦敏:《独立审判探源及其现实分析——寻求实现立法与现实的契合》,《法学评论》1999 年第 2 期。

19. 孙笑侠:《司法权的本质是判断权——司法权与行政权的十大区别》,《法学》1998 年第 8 期。

20. 徐金洲:《〈关于建国以来党的若干历史问题的决议〉对“文革”军管正确结论的再认识》,《军事历史研究》2012 年第 4 期。

21. 胡健华:《正确理解上下级人民法院之间的关系》,《人民司法》1988 年第 4 期。

22. 江必新:《论创新和完善审判监督纠错机制》,《人民司法》2011 年第 15 期。

23. 刘瑞华:《司法权的基本特征》,《现代法学》2003 年第 3 期。

24. 陈文星:《检察一体化制度设计中的两个难题》,《中国司法》2008 年第 11 期。

25. 武春:《浅析人大常委会和“一府两院”及上下级人大常委会间的法律关系》,《江淮法治》2010 年第 5 期。

26. 卢上需、王佳:《论我国司法权的政治属性和基本功能》,《法学评论》2013 年第 2 期。

27. 刘松山:《人民法院的审判依据》,《政法论坛》2006 年第 4 期。

28. 刘东亮:《什么是正当法律程序》,《中国法学》2010 年第 4 期。

29. 刘瑞华:《司法权的基本特征》,《现代法学》2003 年第 3 期。

30. 董治良:《对规范上下级法院关系的几点思考》,《中国审判》2011 年第 3 期。

31. 刘学在:《上下级法院间的应然关系之理性回归》,《中国审判》2011年第3期。

32. 何帆:《改革案件请示做法的路径》,《法制资讯》2009年第5期。

33. 李华:《案件报送请示制度剖析》,《法学》1997年第2期。

34. 万毅:《历史与现实交困中的案件请示制度》,《法学》2005年第2期。

35. 肖扬:《巩固发展教育整顿成果,进一步加强队伍建设,全力维护司法公正》,《中华人民共和国人民法院公报》1998年第3期。

36. 沙永梅:《案件请示制度之废除及其功能替代——以中级人民法院的运作为出发点》,《河北法学》2008年第7期。

37. 章武生:《我国民事案件开庭审理程序与方式之检讨与重塑》,《中国法学》2015年第2期。

38. 王旭光、满洪杰:《民事诉讼发回重审制度之重构》,《法律适用》2006年第9期。

39. 陈卫东、李奋飞:《刑事二审"发回重审"制度之重构》,《法学研究》2004年第1期。

40. 蔡晖:《对认定事实存在问题的案件不应发回重审》,《人民司法》1998年第2期。

41. 占善刚、刘芳:《程序违法与发回重审——〈民事诉讼法〉第170条之检讨》,《江西财经大学学报》2014年第5期。

42. 郭国松:《三次死刑三次刀下留人》,《南方周末》2000年8月10日。

43. 苏泽林:《强化审判职能,服务发展大局,努力推进民事再审审查工作科学发展——在第一次全国民事再审审查工作会议上的讲话》,《立案工作指导》2011年第1期。

44. 徐玲利、黄学昌:《基于实证考察的刑事再审制度之重构——以G省D市2009年至2013年刑事再审案件为样本》,《中国刑事法杂志》2014年第4期。

45. 李兰、张晋红:《论民事诉讼级别管辖的立法完善——以〈关于审理民事级别管辖异议案件若干问题的规定〉为背景》,《法学杂志》2010年第6期。

46. 谢进杰:《提审制的机理、效应与未来》,《法学论坛》2014年第1期。

47. 殷勇:《行政诉讼中的异地交叉管辖制度》,《人民司法》2006年第10期。

48. 葛治华:《司法反腐的中国模式:职务犯罪异地管辖研究》,《政治与法律》2009 年第 7 期。

49. 龙宗智:《刑事诉讼指定管辖制度之完善》,《法学研究》2012 年第 4 期。

50. 廖奕:《司法行政化与上下级法院关系重塑》,《华东政法学院学报》2000 年第 6 期。

51. 李华:《案件报送请示制度剖析》,《法学》1997 年第 2 期。

52. 林文学:《加强申请再审审查工作,减少申诉信访问题的思考》,《人民司法》2012 年第 3 期。

53. 孙辙、朱千里:《积极主动或谦抑克制:"审判管理权"的正确定位与行使》,《法律适用》2011 年第 4 期。

54. 胡曙光、杨以生:《关于构建上下级法院审判业务协调机制的若干思考》,《法律适用》2007 年第 3 期。

55. 曹士兵:《最高人民法院裁判、司法解释的法律地位》,《中国法学》2006 年第 3 期。

56. 张友连:《论最高人民法院公共政策创制的形式及选择》,《法律科学》2010 年第 1 期。

57. 胡云腾:《中国特色的案例指导制度与指导性案例》,《人民司法》2014 年第 6 期。

58. 雷磊:《指导性案例法源地位再反思》,《中国法学》2015 年第 1 期。蒋集跃、杨永华:《司法解释的缺陷及其补救——兼谈中国式判例制度的建构》,《法学》2003 年第 10 期。

59. 龙宗智:《审判管理:功效、局限及界限把握》,《法学研究》2011 年第 4 期。

60. 张卫平:《论我国法院体制的非行政化——法院体制改革的一种基本思路》,《法商研究》2000 年第 3 期。

61. 钟小凯:《审判管理:从压制型向回应型转变》,《人民司法》2012 年第 23 期。

62. 重庆市高级人民法院课题组:《审判管理制度转型研究》,《中国法学》2014 年第 4 期。

63. 刘忠:《条条与块块关系下产生的法院院长产生》,《环球法律评论》2012 年第 7 期。

64. 刘忠:《条条与块块关系下产生的法院院长》,《环球法律评论》2012 年第 7 期。

65. 袁定波、云利珍:《广东法院:打造三级法院"网上执行局"》,《中国审判》2015 年第 12 期。

66. 孔祥林:《影响司法公正的制度性缺陷分析》,《唯实》2000 年第 3 期。

67. 许尚豪:《上诉审纠错功能的法律思考——以法院层级关系为分析视角》,《河北法学》2008 年第 4 期。

68. 湖南高院课题组:《完善上下级法院之间的审判监督关系》,《法制资讯》,2009 年第 5 期。

69. 龙宗智:《论司法改革中的相对合理主义》,《中国社会科学》1999 年第 2 期。

70. 马长山:《新一轮司法改革的可能与限度》,《政法论坛》2015 年第 5 期。

71. 沈念祖、杨晓菲:《第三轮司法改革启程》,《领导决策信息》2014 年第 14 期。

72. 范进学:《论法律信仰危机与中国法治化》,《法商研究》1997 年第 2 期。

73. 黄丽:《法律信仰及其缺失的原因分析》,《政法论丛》2002 年第 3 期。

74. 季卫东:《最高人民法院的角色及其演化》,《清华法学》2006 年第 1 期。

75. 蒋惠岭:《司法职业保障的十项最低标准》,《法制资讯》2009 年第 11 期。

76. 刘安荣:《我国法院体制的行政化及改革对策》,《陕西师范大学学报(哲学社会科学版)》2004 年第 6 期。

77. 江必新:《审判管理与审判规律抉微》,《法学杂志》2011 年第 5 期。

78. 胡健华:《明确规定法院的司法行政工作由法院管理》,《人民司法》1995 年第 11 期。

79. 廖元勋:《法院行政管理制度研究》,《人民司法》2010 年第 5 期。

80. 李林:《社会主义法治文化概念的几个问题》,《北京联合大学学报》(人文社会科学版)2012 年第 2 期。

81. 刘安荣:《我国法院体制的行政化及改革对策》,《陕西师范大学学报(哲学社会科学版)》2014 年第 6 期。

82. 白洁、殷季锋:《试论法院依法独立行使审判权》,《新疆大学学报》(社会科学版)2002 年第 3 期。

83. 陈卫东、李训虎:《公正、效率与审级制度》,《政法论坛》2003 年第

5 期。

84. 徐清宇、周永军:《当今我国司法权威的缺失反省及重塑思考》,《法律适用》2009 年第 4 期。

85. 陈光中、肖沛权:《关于司法权威问题之探讨》,《政法论坛》2011 年第 1 期。

86. 陈光中、龙宗智:《关于深化司法改革若干问题的思考》,《中国法学》2013 年第 4 期。

87. 李林:《社会主义法治文化概念的几个问题》,《北京联合大学学报》(人文社会科学版)2012 年第 2 期。

88. 沙永梅:《案件请示制度之废除及其功能替代——以中级人民法院的运作为出发点》,《河北法学》2008 年第 7 期。

89. 张榕:《司法能动性何以实现——以最高人民法院司法解释为分析基础》,《法律科学》2007 年第 5 期。

90. 胡岩:《司法解释的前生后世》,《政法论坛》2015 年第 3 期。

91. 朱道坤:《司法的威权压制——一种发生在上下级法院之间的“潜规则”》,《中山大学法律评论》2011 年第 2 期。

92. 张友连:《论最高人民法院公共政策创制的形式及选择》,《法律科学》2010 年第 1 期。

93. 杨凯:《审判管理理论体系的法理构架与体制机制创新》,《中国法学》2014 年第 3 期。

94. 胡夏冰:《审判管理制度改革:回顾与展望》,《法律适用》2008 年第 10 期。

95. 龙宗智:《论建立以一审庭审为中心的事实认定机制》,《中国法学》2010 年第 2 期。

96. 孙辙、朱千里:《积极主动或谦抑克制:“审判管理权”的正确定位与行使》,《法律适用》2011 年第 4 期。

97. 廖元勋:《法院行政管理制度研究》,《人民司法》2010 年第 5 期。

98. 刘会生:《人民法院管理体制改革的几点思考》,《法学研究》2002 年第 3 期。

四、学位论文类

1. 汪文杰:《当代中国上下级法院关系研究》,华东政法大学硕士学位论文,2013 年。

2. 梁三利:《法院管理模式研究》,南京理工大学博士学位论文,

2008 年。

五、报纸类

1. 张广兄、沙漪荷:《应矫正审判绩效考评中的负效应》,《江苏法制报》2013 年 10 月 29 日。

2. 王汉斌:《关于修改〈人民法院组织法〉和〈人民检察院组织法〉的说明》,《人民日报》1983 年 9 月 3 日。

3. 王斗斗:《加强审判指导才能事半功倍》,《法制日报》2010 年 4 月 26 日。

4. 陈杭平:《历史视野下的上下级法院关系》,《人民政协报》2013 年 1 月 7 日。

5. 刘玉华等:《上下级法院监督指导关系的再认识》,《人民法院报》2013 年 12 月 4 日。

6.《关于规范上下级法院审判业务关系的若干意见》,《人民法院报》2011 年 1 月 29 日。

7.《最高法决定取消对全国各高级法院考核排名》,《光明日报》2014 年 12 月 29 日。

8. 王韶华:《让审理者裁判由裁判者负责》,《人民法院报》2014 年 7 月 28 日。

9. 胡长清:《以改革创新的精神加强地方法院班子建设——全国地方法院院长换届工作综述》,《人民法院报》2008 年 3 月 4 日。

10. 郭京霞:《最高法院对京沪两高院进行第二轮司法巡查》,《人民法院报》2015 年 4 月 12 日。

11. 张先明:《最高人民法院推出审务督察制度》,《人民法院报》2011 年 12 月 19 日。

12. 董治良:《顺时应势构建科学的上下级法院关系》,《法制日报》2011 年 3 月 9 日。

13.《习近平:把抓落实作为推进改革工作的重点 真抓实干蹄疾步稳务求实效》,《人民日报》2014 年 3 月 1 日。

14. 应勇:《推进法律适用统一 促进法律有效实施》,《人民法院报》2011 年 7 月 27 日。

15. 孟建柱:《深化司法体制改革》,《人民日报》2013 年 11 月 25 日。

16. 胡伟新:《最高人民法院决定取消全国各高级人民法院考核排名》,《人民法院报》2014 年 12 月 27 日。

17. 张根大:《管理是火车头,是发动机》,《人民法院报》2004 年 12 月 8 日。

18. 王星、黄永捷:《法院院长,你合格吗?》,《南方都市报》2013 年 8 月 7 日。

六、中文网站类

1.《铁路司法:“前世今生”》,新华网 http://news.xinhuanet.com/2015-05/26/c_1115416220.htm,访问日期:2016 年 3 月 1 日。

2. 最高人民法院网,http://www.court.gov.cn/index.html,访问日期:2015 年 5 月 1 日;中国法律知识资源总库法律法规库,http://law1.cnki.net/law/brief/result.aspx?dbprefix = CLKLP&catalogName = CLKL_CLS,访问日期:2015 年 5 月 1 日。

3.《全国法院“两评查”活动总结表彰大会召开》,http://www.court.gov.cn/zixun-xiangqing-5058.html,访问日期:2016 年 3 月 1 日。

4.《党政领导干部选拔任用工作暂行条例》,http://news.xinhuanet.com/ziliao/2003-01/18/content_695418.htm,访问日期:2016 年 3 月 1 日。

七、外文资料类

1. Peter Schlosser and Walther Habscheid, “Federal Republic of Germany”, in S. Stetreet and J. Deschenes(eds.) Judicial Independence:The Contemporary Debate, Martinus Nijhoff Publishers 1985.

2. See David Frisch, Contractual Choice of Law and the Prudential Foundations of Appellate Review, 56 V. and L. Rev. 57, Jan, 2003.

3. Stephen G. Breyer, The Independence in the United States, Saint Louis University Law Journal, Summer 1996.

4. Edited by Leonard W. Levy and Kenneth L. Karst, Encyclopedia of the American Constitution, Macmillan Reference USA, 2000.

5. Michael D. Bayles, Principles of Law: A Normative Analysis. Boston: D. Reidel Publishing Company, 1987.

6. C.Neal Tate & Totbjrn Wallinder, The Global Expansion of Judicial Power, New York University Press, 1996.

后　记

因为长期“战斗”在法院的司法实务调研岗位上，我曾参与多部学术著作的编著工作，但要出版一本属于自己的书，心中还是充满着激动与惶恐。

遥想十多年前，我第一次来到上海，第一次走进古朴温馨的华政校园，看到那么多学识渊博的老师和求知若渴的同学，感觉自己就像是一个贫瘠的孩子一下走进了辉煌的殿堂，急切地想把一切都装入脑海。经过三年仍显“懵懂”的读研时光，我于 2009 年顺利毕业，怀着对法治的信仰和对公平正义的崇敬，选择进入法院工作。其后，在多年的司法实务工作中，虽然理想与现实无法一一对应，却也为我的奋斗留下了广阔的空间；虽然工作平凡而又琐碎，却也感受到了更多的坚定和从容；虽然常常需要“纠结”于细枝末节，却始终没有丢掉思考宏大问题的“闲情雅致”。

随着对法院工作中的熟悉和深入，越来越多专业上的困惑，特别是有关司法改革的思考一直在心头萦绕，再回到学校学习的念头时常浮现在脑海。所幸母校华东政法大学和我敬爱的老师们不弃，我能够以博士生的身份再次走进华政园，再次徜徉于思想的海洋。时间飞逝，五年前博士生入学的那一天恍如昨日，却已经在我的人生历程中留下了浓墨重彩的一笔。课堂上教授们的谆谆教诲、课堂外同学们的热烈讨论、图书馆的浓浓书香、入夜后办公室里奋笔疾书，一个个场景都是那么的清晰而又温馨。

在博士学业期间，我有幸得到了许多关照和帮助。首先要感谢我的博士导师张明军教授，他在繁重的学术研究和行政管理工作之余，始终关心我的学业进展，耐心地和我讨论最适宜的论文选题，严谨、细致地审阅我的论文，张老师不仅在学业上给予指导，更是为学生树立了做人、做事的良好榜样。感谢宪法学与行政法学专业的童之伟教授、刘松山教授、沈福俊教授、朱应平教授、王月明教授，诸位老师各有特点但都知识渊博、热心谦和，无论是在硕士还是在博士阶段，无论是在专业学习还是在论文写作方面，他们都给予了我莫大的鼓励和帮助，让我受益匪浅、感激不尽。感谢我的硕士导师张心泉老师，毕业多年，她一直关心着我的学业、工作和生活，并为我的点滴进步由衷地感到高兴。感谢单位的领导和同事,没有他们的支持和帮助,我无法兼顾工作和学习,更无法顺利完成学业。感谢同窗好友饶志平、毕信仁、张衡、王灿、廖红,我们在共同学习的同时还收获了彼此的友谊。感谢妻子、父母、岳父母,为了支持我的学习和工作,他们承担了太多本应由我承担的责任。感谢女儿余芮涵小朋友,一句“好爸爸”就能让我从疲惫中瞬间恢复。

最后,还要感谢上海市法学会的张志军主任和上海人民出版社的秦堃编辑、汪娜编辑,没有他们的支持和帮助,本书不会顺利出版。

本书是在我博士学位论文的基础上修改完善而成的,也算是我多年求学经历的一个总结和凝聚,但一个阶段的结束也意味着新的阶段的开始,学习和思考永无止境,我也将带着感恩、带着梦想、带着激情继续前行!

余 韬

2018 年 3 月

图书在版编目(CIP)数据

上下级法院关系研究:以《宪法》第132条为视角/
余韬著.—上海:上海人民出版社,2018
(上海法学文库)
ISBN 978-7-208-15076-8

Ⅰ.①上…　Ⅱ.①余…　Ⅲ.①审判-司法制度-研究
-中国　Ⅳ.①D925.04

中国版本图书馆CIP数据核字(2018)第059380号

责任编辑　汪　娜
封面设计　甘晓培

上海法学文库
上下级法院关系研究
——以《宪法》第132条为视角
余　韬　著

出　　版　上海人民出版社
(200001　上海福建中路193号)
发　　行　上海人民出版社发行中心
印　　刷　上海商务联西印刷有限公司
开　　本　720×1000　1/16
印　　张　11.5
插　　页　2
字　　数　192,000
版　　次　2018年4月第1版
印　　次　2018年4月第1次印刷
ISBN 978-7-208-15076-8/D·3192
定　　价　48.00元